U0466635

元宇宙基础设施治理
暨Web3.0数字经济战略参考

主　编　王风和
副主编　杜　雨

中国科学技术出版社
·北京·

图书在版编目（CIP）数据

元宇宙基础设施治理暨 Web3.0 数字经济战略参考 / 王风和主编，杜雨副主编 . —北京：中国科学技术出版社，2023.3

ISBN 978-7-5236-0108-2

Ⅰ.①元… Ⅱ.①王… ②杜… Ⅲ.①信息经济 – 研究 Ⅳ.① F49

中国国家版本馆 CIP 数据核字（2023）第 044102 号

总 策 划	秦德继
策　　划	高立波　孔祥宇
责任编辑	高立波　赵　佳
封面设计	北京潜龙
正文设计	中文天地
责任校对	焦　宁　邓雪梅
责任印制	李晓霖

出　　版	中国科学技术出版社
发　　行	中国科学技术出版社有限公司发行部
地　　址	北京市海淀区中关村南大街 16 号
邮　　编	100081
发行电话	010-62173865
传　　真	010-62173081
网　　址	http://www.cspbooks.com.cn

开　　本	710mm×1000mm　1/16
字　　数	201 千字
印　　张	17.75
版　　次	2023 年 3 月第 1 版
印　　次	2023 年 3 月第 1 次印刷
印　　刷	河北鑫兆源印刷有限公司
书　　号	ISBN 978-7-5236-0108-2 / F・1122
定　　价	59.00 元

（凡购买本社图书，如有缺页、倒页、脱页者，本社发行部负责调换）

编委会

主　编： 王风和
副主编： 杜　雨
委　员： 臧志彭　廖仁亮　邓恩艳　邓　超　邓姝菡　潘赫先
　　　　　袁铭御　李博强
审　稿： 何　伟　臧志彭

专家推荐

　　书中首次提出元宇宙八项基础法律制度，解释了 NFT、NFR、DAO 数字藏品、区块链、Web3.0 数字经济战略等相关概念，分析了元宇宙产业发展趋势，全面、完整、详尽地描述了目前元宇宙的发展新政和重点疑难问题，对元宇宙产业面临的法律问题给予了客观回应。本书在呈现元宇宙知识的同时，更能带领读者领略虚拟多维空间给人们带来的巨大生活方式的转变，是一本有价值的书籍，希望给读者不一样的收获。

——邵炳芳
法治日报社社长

　　元宇宙时代已经来临，元宇宙的发展在科技金融领域极大促进效率，提升金融消费者的体验，元宇宙基础设施治理提升金融效率为金融安全提供了制度性的法律保障，在保全金融资产安全和法律合规秩序方面具有范式遵守和方向性的指导意义。本书全面分析了我国发展元宇宙、打造数字社会的价值高地，探索解决商事交易中元宇宙下的法律争议解决合理路径，本书横跨科技、金融、法律、商业等领域，是一本值得阅读的跨界融合力作。

——王承杰

中国国际经济贸易仲裁委员会副主任兼秘书长

随着元宇宙产业的快速发展，元宇宙虚拟财产纠纷逐渐显现。元宇宙社区的虚拟财产纠纷兼有技术性、隐私性等属性，对传统解纷机制带来了新的挑战。在元宇宙场景中的交易，产生纠纷后回归到元宇宙场景解决，与传统仲裁案件的解决不可同日而语。创新无止境。未来的元宇宙仲裁将启动虚拟空间仲裁解纷机制，实现"互联网＋商业＋法律"的深度融合。本书从元宇宙法律的底层逻辑出发，阐述了元宇宙空间的基础设施，为元宇宙场景下争议解决及仲裁提供了示范性思考。

——王雪林

海南国际仲裁院理事长

2021年被称为"元宇宙元年"，NFT、NFR数字资产快速发展，元宇宙经济体系不断丰富，如何正确面对虚拟与现实的关系、正确处理数字资产的法律属性与交易规则的关系是元宇宙发展需要解决的首要问题。本书立足于我国国情，从法治的逻辑出发，对元宇宙产业在法律适用进行了梳理，为发展中国式元宇宙法治提供了新范式、新路径。

——梅向荣

盈科律师事务所全球董事会主任

专家推荐

党的二十大报告提出:"加快建设网络强国、数字中国"。数字经济已成为 2035 年国家发展战略,数字社会表征新的生活方式和网络虚拟空间。本书作者王风和同志带领研究团队研究了数字经济与元宇宙领域的社会疑难问题,从理论、技术与实务三个角度为打造具有中国特色的元宇宙提供了发展思路与监管对策,内容从区块链技术、NFT、NFR、DAO 组织业态种类、元宇宙基础设施到文化元宇宙,从数据安全、元宇宙监管到元宇宙产业,从 Web3.0 影响力到数字经济的法律合规……全面剖析了我国发展元宇宙、打造数字社会的价值高地,是一本值得阅读的权威力作。

——龚才春

北京信息产业协会元宇宙专家委员会主任

兼武汉元宇宙研究院院长

元宇宙本质上是对现实世界的虚拟化、数字化过程,需要对经济系统、用户体验以及实体世界内容等进行大量改造。从目前的情况来看,国内外各大科技企业主要依托其既有优势来布局元宇宙领域。元宇宙产业的全球不均衡发展态势正在逐步形成,我国企业应当尽快强化元宇宙产业发展的科技硬实力。本书帮助读者进一步从时空性、真实性、独立性、连接性等方面去理解元宇宙。该书提示了元宇宙产业的发展存在着资本操纵、立法监管空白等风险,进而从顶层设计、企业发展、社会治理等方面提出了值得认真思考的建议。

未来元宇宙将演化成为一个超大规模、极致开放、动态优化的复杂系统。让我们以更加昂扬的姿态去描绘、去构建元宇宙为人类带来的崭新的数字世界吧。

——马志毅

中国社会经济系统分析研究会城乡发展规划研究专业委员会专家、北京市法学会经济法学会副会长、中国香港特别行政区天大研究院特约研究员

整个人类的文明演化史,其实是人类的现实宇宙与想象宇宙相互作用、科学宇宙与自由宇宙相互建构的发展史。元宇宙的本质其实是人类对自由的追求,是人类摆脱物理世界各种束缚,而逐渐拥有人作为自由宇宙主动整体建构者意识的所有认知尝试的总和,代表了人类即将进入更加高级的新的文明阶段。法治,是人类在元宇宙新文明阶段的基石与保障。本书开创了元宇宙法治底层逻辑与数字经济基础设施的研究先河,将对中国特色元宇宙体系建设提供重要的智慧和思想。

——臧志彭

中国文化产业协会文化元宇宙专委会常务副主任
华东政法大学经天学者特聘教授

在各行各业面临产业升级与数字化转型的重要时期,元宇宙将为数字经济带来前所未有的社会变革和新一轮的多模态信息技术革命。它将打翻现有机制,重塑和分配新秩序,构建并加速虚实共生、共融的实体世界与数字世界的融合。作为下一代的互联网,元宇宙是新时代、新科学、新技术、新理念的重要代表之一。本书从元宇宙的底层技术、法律、政策、监管等对元宇宙发展的合规及监管方面作出全面

梳理，对元宇宙产业的相关者具有现实指导意义。

——何伟

北京工业大学元宇宙云图智能研究院执行院长

北京星汉云图文化科技有限公司董事长

元宇宙的本质是数字化、信息化的高级阶段，是历史发展必然的产物，是各种技术高度发达后所能够实现的未来愿景。作为热度不减的新兴事物，元宇宙的发展依托科技、企业与资本，与文化、道德、法律、安全、政策、监管密切相关。元宇宙治理至关重要，这本书对于未来中国网络科技的发展具备指导意义，值得深度阅读。

——高泽龙

中国通信工业协会数字经济分会副会长、《元宇宙工程》《元宇宙2086》作者、中国民营科技实业家协会元宇宙工委秘书长、

北京城市副中心元宇宙专家顾问

序一

人类的世界是两个世界，一个是人类头脑中想象的世界，另一个是创造出来的真实物质世界。真实的世界，提供人类赖以生存的资源、群落繁衍的安全保障和美好生活的支撑。然而，人类与其他动物不一样的就在于：人的理想中有一个未来世界，这个理想造就了现实世界。

人类区别于动物的根本特征，即具有愿景（vision），这个愿景包含几个要素：

1. 尚未建造成；
2. 心意、渴望的场景；
3. 超越了个人的群体，精准传达他人；
4. 群体共同行动指南。

愿景和物质造就，是人类能力的左右手。人类共同认同一个梦想、一个愿景，再以共同的行动完成一个真实的世界的创造，而愿景又继续为真实世界带来大量创新的可能。今天，我们除语言、图像等手段之外，还可以用数字更为准确、有力地传播愿景，并使每个人都可参与愿景的共同架构。这就是元宇宙的出发点。

数字化革命已经呈现虚实相生的时代特点，展开了元空间、元城市、元宇宙时代。中国的转型创新发展和世界的新数字技术革命同步共振。而中国的大学教育的规模、新领域的创新升级，超过了绝大多数的预期。2022年10月，在《美国新闻与世界报道》(U.S. News & World Report)发布的对90个国家2000所大学的排名中，中国大学的上榜数首次超越了美国，而其中评估出的10所拥有世界最好的AI科技的大学中，有5所是中国的大学。时代给我国的历史性机会已经显现，我们在虚拟现实技术和元宇宙实现上与世界最发达国家竞跑。我认为，也坚信，竞跑的最后胜利者属于法治理性者。

一时之快，可以乐一时；一体法治，可以保终胜。

本书及时对元宇宙做了普及性知识介绍；从法律专业视角论述了元宇宙的法律基础设施、元宇宙法律合规、数据安全与网络安全、监管等元宇宙监管机构、创业者和设计参与者高度关注的核心问题；对以数字藏品为爆点的文化元宇宙和中国数字经济战略做出了法经济逻辑上的专业评析。

我虽不是法律学者，但我感到了，这是对这个大时代变革中人类一步步实现愿景的法治力量和现代治理保障的深度思考。

吴志强
中国工程院院士
德国工程与科学院院士
瑞典皇家工程科学院院士

2023年1月
于台州元宇宙街

序二

元宇宙，科技赋能数字经济

21世纪以来，新一轮科技革命和产业变革正在重塑全球经济新格局。数字技术是全球新一轮技术革命的风向标，数字经济已经成为重组全球要素资源、重塑全球经济结构、改变全球竞争格局的关键力量。以数据资源为关键要素，现代信息网络为主要载体，与信息通信技术融合应用是全球数字经济未来发展的方向，也是未来主要的经济形态。

根据中国信息通信研究院发布的《中国数字经济发展报告（2022年）》，2021年中国数字经济规模达到45.5万亿元，同比名义增长16.2%，占国内生产总值（GDP）比重达到39.8%。疫情过后，全球经济格局正在重新建立。可以看到，数字经济在全球经济中的地位更加稳固、支撑作用愈发显著。数字技术是数字经济发展的内核驱动力，依托数字技术的发展。目前，中国已具备打造"数字经济强国"的"土壤"和基础，实施数字经济发展战略、制定"十四五"数字经济发展规划意义重大。

元宇宙是数字经济的其中一种表现形态，它是由无数虚拟世界、数字内容组成的不断碰撞、膨胀的数字宇宙。在数字经济、元宇宙发展的时代，科技创新、商业模式、经济制度和产业浪潮的新一轮革命中，预计国家将推出一揽子扩大内需的经济复苏计划，公共通信、金融、公共服务、电子政务、国防科技工业、教育、医疗、养老等都将进入新一轮的数字化革新时代。数字经济将与实体经济深度融合，为设备赋智、为企业赋值、为产业赋能，进一步推进我国制造强国、网络强国、数字中国建设。

目前看来，中国数字经济发展已初有成效。然而，面对实体经济数字化转型的诸多挑战，中国各行各业的监管转型刚起步，在法规、制度和标准等方面仍面临各种不适应、不配套，在治理标准的确定、数据隐私保护方面亦存在一定的不足。这就要求我们将法治贯穿于数字经济、元宇宙产业发展的全过程中，构建政府监管、平台自治、行业自律、公众参与的多元治理体系，用法治手段引领相关产业健康发展，为我国数字化转型提供更强劲、可靠的基础保障。

本书是国内关于数字经济、元宇宙法律与合规方面的第一部著作，对数字经济、元宇宙产业治理提出初步设想。数字经济治理涉及加强市场竞争监管、维护公平竞争秩序、合理使用数据资源、网络数据安全、个人信息保护、消费者权益保护、从业者合规经营等方方面面。本书从元宇宙、区块链、NFT、NFR 等角度出发，深入探讨了元宇宙的底层法律逻辑、法律红线、监管目标以及行业从业者的合规要求。旨在为我国数字经济、元宇宙的发展提供合规支持，为数字经济产业的发展保驾护航。

蔡维德

国家特聘专家

北京航空航天大学博士生导师

清华大学长江学者讲座教授

科技部重大项目负责人

2023 年 1 月于北京

序三

技术基础设施升级，元宇宙产业场景落地

>常无，欲以观其妙；常有，欲以观其徼。
>
>——《老子》

从概念明晰到场景落地，元宇宙的产业化无论是从供需角度来看，还是从必然性与可行性分析角度来看，都已经是箭在弦上不得不发。一是从需求侧角度来看，主流数字内容形态的沉浸化是大势所趋；二是从供给侧的可行性来看，软硬件技术的发展使得沉浸式成为可能；三是从供给侧的必然性来看，元宇宙较移动互联网而言在基础设施、硬件保障、软件支撑和拓展应用层都更为先进，各产业环节从移动互联网到元宇宙的升级路径清晰。

从基础设施层技术升级的角度来看，元宇宙较移动互联网在通信网络、底层芯片、数据存储、数字支付方面都有不同程度的进步，尤其是数字支付方面因为区块链技术的应用使得虚拟世界用户之间交互的可信度、便捷度都得以增强。从移动互联网到元宇宙，产业落地的方向和路径逐渐清晰，创新方向聚焦在四大层次——基础设施、硬件保障、软件支撑和拓展应用。

第一，基础设施层。元宇宙较移动互联网在通信网络、底层芯

片、数据存储、数字支付方面都有不同程度的进步，尤其是数字支付方面因为区块链技术的应用使得虚拟世界用户之间交互的可信度、便捷度都得以增强。具体而言：一是通信网络从 4G 到 5G，数据传输效率有望快速提升；二是消费级底层芯片性能优化，虚拟创作逼真度增强；三是分布式存储优势明显，数据传输效率得以提高；四是区块链技术应用，打破虚拟世界信任壁垒。

第二，硬件保障层。元宇宙较移动互联网在台式设备、手持设备、头戴设备、感知设备方面也都有不同程度的进步，尤其是在头戴设备和感知设备方面，有望看到新形态硬件分享用户目前花在手机上的时间，进而承载更加沉浸式的元宇宙应用生态。具体而言：一是基于台式设备增强沉浸式内容体验的创新方向主要通过外接互动传感设备以增强体验；二是手持设备通过持续增强摄像头的功能来提高信息输入环节的性能，为元宇宙沉浸式场景下的高信息密度交互与实时交互提供了保障；三是被认为是"元宇宙的第一入口"的头戴设备如 VR 在沉浸式现实技术的实现上有着很大的优势；四是创新硬件技术将数字信息对人的感官刺激拓展到了嗅觉、味觉、触觉，甚至是大脑，较于传统互联网时代几乎只聚焦于人的视觉和听觉信息数字化而言，极大地拓展了数字世界可以模拟的感官维度，为数字仿真、数字孪生夯实技术基底。

第三，软件支撑层。元宇宙较移动互联网在建模软件、动画制作、物理引擎和 AI 模块的技术演进一定程度上改变了过去的产业内分工，进而有可能改变过去移动互联网时代的产业链。从移动互联网到元宇宙，在软件支撑层面体现出了从分散到全流程一体化打通的演进趋势。具体而言：一是建模软件从客制化细分需求到统一化普适需求，不同行业的建模需求共性越来越强，因此客户重叠度也越来越高；二是动画制作也从过去偏工艺制作的内容创意行业变成了横向服务各个细分行业的通用模块；三是虚拟引擎从少数行业需求到各行业全面需求，不只是局限于内容创作行业，包括教育、医疗在内的各个行业都需要将现实物理世界的真实工作场景给虚拟化；四是AI模块从侧重处理效率到侧重智能分析，更多用到机器学习和智能模块，辅助机器对于现实世界的模拟，提高了虚拟场景的逼真度。

第四，拓展应用层。元宇宙较移动互联网在社交媒体、数字游戏、信息交互方面前端产品的变化核心源于内容形态的变化，沉浸式内容的消费级渗透或许会改变消费者的行为，进而衍生新的商业模式。具体而言：一是社交媒体层面，主流内容形态的变迁孕育平台机会；二是数字游戏层面，交互方式的改变带来增量市场；三是信息交互层面，信息载体的升级赋能生产效率的提升。

元宇宙作为新事物尚处于发展初期，为了更好地应用科技创新提高社会福祉，一方面我们要加强学习进而提高辨别能力，另一方面也要积极乐观地参与新事物的建构。元宇宙作为一个跨学科属性很强的创新方向，在推进概念到产业落地的过程具有长期性、综合性、探索性。为了更好地拥抱元宇宙创新，应从产业政策、企业创新、应用场景三个维度持续发力。

第一，优化元宇宙产业政策支持体系，推动元宇宙产业的系统化生态建设。一是要基于移动互联网产业已经发展出来的先进技术，引导产业资源合理配置，优化技术升级和迭代路径；二是要建设公平公正的市场竞争环境，避免平台互联网经济所带来的行业集中度过高的垄断问题；三是要搭建数据安全保障机制，防范元宇宙产业发展过程中用户数据规模扩大所带来的隐私保护问题。

第二，鼓励元宇宙产业企业自主创新，提升元宇宙产业企业的产学研融合。一是要鼓励企业针对性突破元宇宙相关的前沿技术，加强专利布局和申报；二是要通过建立元宇宙产业联盟促进产学研信息交流和沟通，促进元宇宙相关的科研成果转化；三是要加强对元宇宙产业国际前沿创新的敏锐洞察，加强国际合作与交流。

第三，加快元宇宙产业应用场景的落地，完善与应用场景相关的基础设施建设。一是要结合各地现有产业优势，从"元宇宙+"的角度出发通过元宇宙创新技术赋能现有产业的融合发展；二是要从消费者的真实需求出发，促进元宇宙创新走出实验室，加速实现产品化；三是要基于元宇宙产业的实际应用落地场景，完善配套基础设施建设。

杜雨

2023 年 1 月于北京

序四

元宇宙基础设施法治下的"数字中国"

首先，感谢您选读这本与"数字中国"有关的元宇宙基础设施治理的书籍，希望给您带来美好的收获。

这是一本与科技、金融、法律、人文、商业，甚至道德伦理有关的通俗读本，是新时代中国现代化治理进程中对若干重大问题的理性探讨。通篇以法治为视角，以"以人为本"为主要脉络，内容涉猎较广，包括科技、金融、法学、文化、人工智能等交叉学科，写作文风力求避免法律条文的生涩。同时，在文末又收录了我近期受邀在有关单位和机构做的九场与元宇宙有关的报告文字实录，供您参阅。

2023年2月27日，中共中央、国务院印发了《数字中国建设整体布局规划》(以下简称《规划》)。《规划》指出，建设数字中国是数字时代推进中国式现代化的重要引擎，是构筑国家竞争新优势的有力支撑。加快数字中国建设，对全面建设社会主义现代化国家、全面推进中华民族伟大复兴具有重要意义和深远影响……可见，这是推进中华民族伟业进程的重大国家举措，我们庆幸"偶遇"了这个伟大的数字时代。

2021年，元宇宙进入中国大众视野，并以惊人的速度迅速登上了信息科技和数字经济发展的头条。回首全球信息科技发展历史，20

世纪 60 年代诞生在美国的互联网，把美国的经济推上了全球的巅峰，利用科技和信息产业的力量优势，美国的经济称霸全球。今天，以华为为代表的中国 5G 技术和 Web3.0 在中国的发展，有机会让中国成为全球互联网科技的领先者。互联网科技的崛起让元宇宙可能成为下一代信息科技革命的领跑者，鉴于此，我在两年前组建元宇宙研究团队，从全球发展的视角，把元宇宙的科技、人文、法律、商业模式及经济运行规律结合中国的具体国情进行深入研究，而后写出了这本《元宇宙基础设施暨 Web3.0 数字经济战略参考》。

有人曾经问我：什么是元宇宙？元宇宙到底是能做什么？元宇宙的概念如何理解？

想要对元宇宙有个清晰的认识，首先，需要知道元宇宙的概念是什么。社会上有多种解释，按照通说，在 2022 年 9 月 13 日全国科学技术名词审定委员会举办的元宇宙及核心术语概念研讨会上，与会专家学者经过深入研讨并形成共识，中文名"元宇宙"英文对照名 Metaverse，释义为：人类运用数字技术构建的，由现实世界映射或超越现实世界，可与现实世界交互的虚拟世界。准确地说，元宇宙不是一个新概念、新技术，它是在扩展现实、区块链、云计算、数字孪生等技术下的概念具化。

关于元宇宙能做什么，我想说的是，在能够准确理解元宇宙的概念和内涵后，这个问题已经不是一个问题了。我的理解是，元宇宙是一个空间，是一个虚拟世界，它通过科技和互联网、数学算法，赋予一个新的时代。这是一种新的生活方式，且与现实世界有密切的关联。

2022 年 5 月，在北京信息产业协会"元宇宙产业法经济思考暨 NFT 合规之路"论坛上，我提出"元宇宙基础设施"的概念，提出发展中国元宇宙的"以链治链"基本范式。中国发展数字经济战略，建议从构建元宇宙的基础设施开始，规范元宇宙发展的八项基本制度，倡导元宇宙的基本商业模式，发展NFT/NFR二级市场，以法治视角提出元宇宙合规的理念，发展"以链治链"的元宇宙法治模式。元宇宙的治理要从源头发端，发展数字经济须赋予科技植入法律和商业文明，元宇宙发展须"以链治链"同步治理，"先发展后治理"的模式走不通，希望构建元宇宙基础设施的系统治理路径，基业长青、行稳致远。

2022年5月22日，中共中央办公厅、国务院办公厅印发《关于推进实施国家文化数字化战略的意见》（以下简称《意见》）。《意见》明确，到"十四五"时期末，基本建成文化数字化基础设施和服务平台，到2035年，建成物理分布、逻辑关联、快速链接、高效搜索、全面共享、重点集成的国家文化大数据体系。

这是我国第一个明确以"数字经济"为载体的总动员令。

2022年8月6日，国家发展改革委牵头建立国家数字经济发展部际联席会议（以下简称"联席会议"）制度，联席会议由国家发展改革委、住房和城乡建设部等20个部门组成。至此，中国官方的顶层设计"数字经济发展战略"组织系统宣告组建完成。

2023年2月27日，中共中央、国务院印发数字中国《规划》，完成了国家全面部署数字中国的战略阶段性任务，到2035年，远景规划中国数字化发展进入世界前列，国家建设成为发达的数字现代化社会。

国家政策不断发力，以元宇宙和互联网Web3.0为代表的数字经济产业被毫无保留地推上了风口浪尖。

为了呼应国家对"数字中国"振兴数字产业的战略，具体到本书的体系，协同了盈科元宇宙研究团队，经过讨论，大胆提出"元宇宙基础设施治理暨 Web3.0 数字经济战略参考"，全书正文部分共 10 章，各章安排如下。

第 1 章为概述。第 2 章为区块链应用。第 3 章为元宇宙与 NFT。前 3 章是元宇宙基础设施的铺垫性介绍，主要针对初次接触元宇宙的读者作普及性知识的补充，为下文作理解之用。从第 4 章开始专业性论述元宇宙的核心问题。

第 4 章为元宇宙法律基础设施。介绍了八项元宇宙法治基本制度，这是第一次尝试从法治视角对元宇宙作系统思考，为元宇宙产业的未来构筑系统框架。

第 5 章为元宇宙的数据安全与网络安全。本章面向元宇宙的监管者、创业者，针对行业数据安全和网络安全的风险做了提示性参考。

第 6 章为元宇宙的监管。这是监管机构和社会各界高度关注的内容，为了实现以"企业为主体"兼顾元宇宙产业的包容性成长，设想构建二元或多元共治的法律监管体系。为此，向社会呼吁监管的慎重和包容性成长系统，同时避免监管盲区，不漏死角，实现"有交易有监管""有行为有救济""以链治链、多元共治"的系统共治思路，让创业者、监管者和利益相关者在同一套基础设施链上"共识共享"，共同进步、共同成长。

第 7 章和第 8 章专题介绍了文化元宇宙的专门性内容。第 7 章介绍了博物馆、美术馆、科技馆等与数字藏品有关的文物的作品铸造、发行、著作权保护等问题。第 8 章介绍了文化元宇宙海外和全球治理的框架和雏形，包括中美元宇宙通用技术的对比、全球文化元宇宙基础设施战略布局等。由于文化元宇宙特别是数字藏品是元宇宙的一个文化爆点，因此从国内的商业模式、产业应用到全球的文化元宇宙发展分析，都做了比较清晰的思考和论述，希望对文化元宇宙的从业者在参与国际竞争性时谨慎参考。

第 9 章介绍了其他元宇宙，该章作为开拓视野的补充材料，介绍了元宇宙的构成要素和元宇宙游戏等内容，这部分内容以期作为阅读的调味品之用。

第 10 章为中国数字经济战略和 Web3.0 科技，这是最后一个与元宇宙有关的重要内容，既有宏观的视角又有具体的科技底层逻辑，是科技先锋结合了法治思想上升为数字经济的国家战略。

有人称 Web3.0 为新一代互联网，我个人认为 Web3.0 是社会科技变革的动力系统，特别是近期在网络空间火爆"出圈"的 ChatGPT，人工智能下的数字科技发达到让人类有点儿担心甚至恐惧，担心未来的人工智能是否会取代人脑智能。回想当年，人工智能机器人鼻祖"深蓝"与人类的国际象棋比赛，刚开始各有胜负，后来，人类在"深蓝"的攻击下不堪一击……

所以，现在想要回答 ChatGPT 的演变趋势，还为时过早。科技的进步给人们带来便利的同时也会带来相当多的烦恼，比如，科技进步所带来既有格局的打破、对既定秩序的重建、道德与伦理的冲突问题，等等。

科技的进步需要法律的规治，我的理解是"规治"不是"规制"。科技的进步与法治流变需要在同一纬度下成长，监管者或社会管理者需要有清醒的认识，科技、信息工程及法治的发展，结合起来会产生巨大的化学反应，可能成为下一个经济发展、社会变革的真正幕后推手，要把握这种趋势，让这个趋势与浪潮友好地保持下去。

为了有效沟通上述理念，本人近 2 年应邀在不同场合做了若干场元宇宙法治有关的宣讲，包括：地方政府或职能部门、行业区块链协会、中关村产业联盟、北京信息产业协会、链新、法治日报、国家司法行政学院、北京市银行法学研究会等研究机构或媒体平台，希望引起社会和相关者对监管问题的高度关注，引导方向性发展，提升正能量，防止科技和产业资本结合后无序扩张，带来社会巨大的法律风险。

我想，Web3.0的发展底层逻辑就是"以人为本"。不论社会如何进步，一定是"以人为本"的——社会的发展要以人的福祉为追求，不能牺牲人的代价和付出。任何的技术发展都不能凌驾于人的权利之上。"以人为本"才是科技发展、社会进步的真正底色。

以上，我提纲挈领地写出了一些关于元宇宙的思考和隐忧，最后，引出"数字中国"为经济发展的结论观点：科学与社会的大融合，经济、金融、法治、文化、道德伦理结合科技的力量，把人类的思考、人类的梦想一步一步实现。感谢这个伟大的变革的时代，在这里我们"偶遇"了。

本书内容吸纳了我和龚才春主任、臧志彭教授、何伟院长、杜雨博士等2021—2022年参与课题并撰写的《中国元宇宙白皮书》和《中国数字藏品监管白皮书》《元宇宙多模态融合交互技术白皮书》以及《Web3.0赋能数字经济新时代》《AIGC智能创作时代》的部分成果。

囿于精力有限，内容难免有瑕疵缺陷甚至谬误，希望您阅读后予以宝贵意见和建议，非常感谢！

王风和 敬上
2023年3月于北京

目 录
CONTENTS

- 第1章 概述 ·· 001
  - 1.1 元宇宙 ····································· 001
  - 1.2 数字经济 ··································· 002
  - 1.3 区块链 ····································· 003
  - 1.4 NFT ······································ 005
  - 1.5 NFR ······································ 007
- 第2章 区块链应用 ·································· 010
  - 2.1 区块链概述 ································· 010
  - 2.2 比特币 ····································· 012
  - 2.3 区块链应用现状 ····························· 013
  - 2.4 区块链的政策及问题、区块链通证 ············· 015
  - 2.5 区块链金融与数字货币 ······················· 016
  - 2.6 区块链的数据安全与保护 ····················· 017
    - 2.6.1 区块链数据安全概述 ··················· 017
    - 2.6.2 区块链数据安全应用中存在的问题 ······· 018
    - 2.6.3 国内外区块链数据安全治理现状 ········· 019
    - 2.6.4 区块链数据安全监管 ··················· 023
    - 2.6.5 区块链数据安全合规 ··················· 024
  - 2.7 区块链的刑事法律边界 ······················· 025

2.7.1 区块链涉及刑事犯罪的主要环节……025
2.7.2 区块链涉及刑事犯罪的常见罪名……030

第3章 元宇宙与NFT……041

3.1 海内外NFT市场的动态变化……041
3.1.1 海外NFT市场……041
3.1.2 国内NFT市场……042

3.2 海内外NFT发展路径的差异化比较……042
3.2.1 NFT发行的区块链平台不同……042
3.2.2 商业模式不同……043
3.2.3 领域的创新性与多元化差异大……044

3.3 NFT业态种类和结构……045
3.3.1 艺术品……045
3.3.2 收藏品……046
3.3.3 体育类藏品……046
3.3.4 数字资产类游戏……046
3.3.5 虚拟土地……047
3.3.6 Meme……047
3.3.7 域名……047
3.3.8 音乐……048
3.3.9 票务……048
3.3.10 现实世界资产……048
3.3.11 时尚商品……049
3.3.12 身份……049
3.3.13 其他在线项目……049

3.4 国内政策走向……050

3.5 NFT市场发展前景 ··· 051
　　3.5.1 短期内发展趋势 ·· 052
　　3.5.2 长期发展的关注点 ···································· 053

第4章　元宇宙法律基础设施 ································ 055

4.1 NFT的属性 ··· 055
　　4.1.1 NFT的经济属性 ······································· 055
　　4.1.2 NFT的法律属性 ······································· 059
4.2 元宇宙八项基础制度 ··· 062
　　4.2.1 监管制度系统 ··· 062
　　4.2.2 运营系统 ··· 064
　　4.2.3 产权保护 ··· 065
　　4.2.4 消费者保护 ··· 068
　　4.2.5 数据安全与个人信息安全 ························ 069
　　4.2.6 司法区块链 ··· 071
　　4.2.7 反欺诈与冒烟指数 ··································· 072
　　4.2.8 国际合作 ··· 074
4.3 NFT的发行及交易模式 ······································ 076
4.4 NFT的发行主体 ··· 077
4.5 NFT的发行方式 ··· 077
　　4.5.1 免费发放 ··· 078
　　4.5.2 收费购买 ··· 078
4.6 智能合约 ·· 079
　　4.6.1 "智能合约"是NFT交易核心 ···················· 079
　　4.6.2 链上智能合同体系的搭建 ························ 079
4.7 NFT发行主体的合规要求 ·································· 081

4.7.1　底层资产（作品）的概念 ·· 081
　　　4.7.2　发行者类型 ·· 082
　　　4.7.3　合规要点 ·· 082
　　　4.7.4　中国 NFT 第一案 ·· 083
　4.8　发行平台的合规要求 ··· 085
　　　4.8.1　合规重点：运营资质 ·· 085
　　　4.8.2　发行平台的必备资质 ·· 085
　　　4.8.3　发行平台的可选资质 ·· 088
　　　4.8.4　案例 ·· 090
　4.9　NFT 知识产权暨投资者保护 ··· 091
　4.10　NFT 相邻关系和价值互认 ··· 092
　4.11　NFT 发行与交易的法律红线 ··· 093
　　　4.11.1　关于防范以元宇宙名义进行非法集资的
　　　　　　　风险提示 ·· 093
　　　4.11.2　非法吸收公众存款罪、集资诈骗罪 ······································ 093
　　　4.11.3　组织、领导传销罪 ·· 094
　　　4.11.4　侵犯著作权罪 ·· 096

第 5 章　元宇宙的数据安全与网络安全 ·· 098

　5.1　概述 ·· 098
　5.2　现行法律、法规及政策 ·· 099
　5.3　个人隐私保护 ·· 100
　5.4　数据合法利用规制 ·· 101
　5.5　防范网络攻击 ·· 103
　5.6　网络安全审查与合规 ·· 104

第6章 元宇宙的监管 ……………………………………… 106

6.1 元宇宙二元或多元共治的法律监管体系 ………… 106
6.2 元宇宙的风险及应对 …………………………… 107
6.3 不同种类 NFT 的监管政策及行业标准 ………… 109
6.3.1 区块链产品 ……………………………… 109
6.3.2 虚拟货币 ………………………………… 110
6.3.3 数字藏品 ………………………………… 111
6.3.4 艺术品 …………………………………… 112
6.3.5 网络出版物 ……………………………… 113
6.3.6 游戏装备 ………………………………… 114
6.3.7 NFT 行业标准 …………………………… 114
6.4 NFT 的金融风险监管 …………………………… 116
6.5 NFT 的发行和交易平台监管 …………………… 118
6.6 元宇宙的监管建议 ……………………………… 119
6.6.1 发行人平台准入条件 …………………… 119
6.6.2 运营规范 ………………………………… 121
6.6.3 资格审查 ………………………………… 122

第7章 文化元宇宙 ………………………………………… 124

7.1 文化博物馆 NFT 发展进程和国内外现状 ……… 124
7.1.1 收藏品、艺术品类 NFT 交易占据市场大部分份额 …………………………………… 124
7.1.2 文化博物馆 NFT 发展进程 …………… 125
7.1.3 文化博物馆 NFT 的价值优势 ………… 128
7.1.4 国内外代表项目 ………………………… 130

7.2 文化博物馆 NFT 的政策法规 ·············· 131
7.2.1 文物保护法规政策 ·············· 131
7.2.2 馆藏文物权利归属法规政策 ·············· 132
7.2.3 艺术藏品 NFT 化相关政策 ·············· 133
7.3 馆藏文物铸造、发行 NFT 的合规要求 ·············· 134
7.3.1 遵守国家相关规定合法铸造发行 ·············· 134
7.3.2 获得博物馆或权利主体授权 ·············· 136
7.3.3 避免使用文物原型铸造 NFT ·············· 139

第8章 文化元宇宙产业全球状况分析 ·············· 140
8.1 元宇宙战略布局分析框架 ·············· 140
8.1.1 国外有关元宇宙布局的分析框架 ·············· 140
8.1.2 本研究对元宇宙布局的分析框架 ·············· 141
8.2 全球文化百强元宇宙战略认知 ·············· 144
8.2.1 全球文化百强对元宇宙的战略认知 ·············· 144
8.2.2 全球文化百强元宇宙认知词频大数据分析 ·············· 146
8.3 全球与中国文化元宇宙消费体验层战略布局 ·············· 147
8.3.1 文化产业元宇宙体验项目总体布局状况 ·············· 147
8.3.2 文化产业元宇宙体验项目战略布局的国家格局对比 ·············· 148
8.3.3 全球文化产业细分行业元宇宙体验项目布局状况 ·············· 151
8.4 全球与中国文化元宇宙创作开发层战略布局 ·············· 152
8.5 全球与中国文化元宇宙通用技术层战略布局 ·············· 154
8.5.1 全球与中国文化元宇宙通用技术层总体布局 ·············· 154
8.5.2 中美文化元宇宙通用技术层国家布局对比 ·············· 155

- 8.6 全球文化元宇宙交互硬件层战略布局 ……………………… 157
- 8.7 全球与中国文化元宇宙基础设施层战略布局 ……………… 158
- 8.8 全球文化百强元宇宙战略合作布局现状 …………………… 158
- 8.9 全球文化百强元宇宙战略资源投入现状 …………………… 160

第9章 其他元宇宙产业 …………………………………………… 162

- 9.1 元宇宙的构成要素 ………………………………………… 162
  - 9.1.1 社交系统 ………………………………………… 163
  - 9.1.2 内容系统 ………………………………………… 165
  - 9.1.3 经济系统 ………………………………………… 166
- 9.2 元宇宙游戏 ………………………………………………… 167
  - 9.2.1 Roblox …………………………………………… 168
  - 9.2.2 Rec Room ………………………………………… 169
  - 9.2.3 《我的世界》 …………………………………… 170
  - 9.2.4 Manticore ………………………………………… 171
- 9.3 元宇宙的体系架构 ………………………………………… 171

第10章 Web3.0 与数字经济战略 ……………………………… 175

- 10.1 Web3.0 概述 ……………………………………………… 175
- 10.2 Web3.0 与元宇宙的关系 ………………………………… 177
- 10.3 Web3.0 现状 ……………………………………………… 180
- 10.4 Web3.0 对游戏产业的影响 ……………………………… 183
- 10.5 Web3.0 对消费行业的推动 ……………………………… 185
  - 10.5.1 对产品的变革 …………………………………… 185
  - 10.5.2 对营销的变革 …………………………………… 187
  - 10.5.3 对渠道的变革 …………………………………… 188
  - 10.5.4 对定价的变革 …………………………………… 189

  10.6　Web3.0"以人为本"的底层思想……………………190
  10.7　Web3.0 合规之路……………………………………192

附　演讲报告文字实录……………………………………195
  元宇宙的法经济思考暨 NFT 合规疑难问题……………195
  元宇宙的法经济逻辑与重要制度…………………………212
  为数字政府建设提供有力法治保障
    ——兼论数字法治管理思维暨区块链数据应用………214
  iCloser& 北京工美金作工坊爱新觉罗·恒锴文化
    数字藏品发布会……………………………………217
  数字藏品的监管逻辑与合规重点…………………………219
  智能合约之道之法…………………………………………221
  文化元宇宙的基本问题
    ——全国首场"文化元宇宙合规专家论坛"-"文化元
    宇宙的中国印象"前沿工作坊第六期论坛实录………224
  《"星火·链网"DNA 赋能数字藏品》主题沙龙第四期
    "行业规范，数字藏品的监管如何落地？"论坛实录……227
  Web3.0 与数字经济战略：概念、现状挑战与对策
    ——盈科元宇宙研究会业务研讨会议实录（一）……232
  潘赫先：NFT、元宇宙计算机技术与法律服务
    ——盈科元宇宙研究会业务研讨会实录（二）………237
  引申阅读——法律法规政策（筛选）………………………244

后　记……………………………………………………………246

第1章 概 述

1.1 元宇宙

元宇宙的英文 metaverse，区别于当前真实的宇宙 universe。universe 是由原子组成的物理宇宙，metaverse 是比特组成的数字宇宙。

元宇宙一词源自美国作家尼尔·斯蒂芬森（Neal Stephenson）于 1992 年出版的科幻小说《雪崩》(*Snow Crash*)。书中，尼尔·斯蒂芬森构建了一个虚实融合的数字世界，来自不同地域的人通过各自的化身（avatar）在数字世界中交往，并进行经济活动。[①] 究竟什么是元宇宙？众说纷纭。中央纪委国家监察委员会网站上刊载的《元宇宙如何改写人类社会生活》（管筱璞，李云舒，2021 年 12 月 23 日）一文中，元宇宙是"基于互联网而生、与现实世界相互打通、平行存在的虚拟世界。"清华大学新媒体研究中心执行主任沈阳认为："元宇宙是整合多种新技术产生的虚实相融的新型互联网应用和社会形态，它基于扩展现实技术提供沉浸式体验，以及数字孪生技术生成现实世界的镜像，通过区块链技术搭建经济体系，将虚拟世界与现实世界在经济

---

① 引自 Neal Stephenson, *Snow Crash*, Turtleback Books, 2000.

系统、社交系统、身份系统上密切融合，并且允许每个用户进行内容生产和编辑。"全国科技名词审定委员会 2022 年 9 月 13 日举行元宇宙及核心术语概念研讨会，认为元宇宙是"人类运用数字技术构建的，由现实世界映射或超越现实世界，可与现实世界交互的虚拟世界"。准确地说，元宇宙本身不是一种技术，而是一个理念或概念，它需要整合不同的新技术，如 5G、6G、人工智能和大数据等，强调虚实相融。

当前，我们在物理宇宙中从事生活、生产，这里有我们的资产和人际关系等。未来在元宇宙中也会如此，我们会在这一数字宇宙中从事生产、创作、教育等，例如：工业元宇宙、生活元宇宙、健康元宇宙、医疗元宇宙、建筑元宇宙、商业元宇宙等各种主题元宇宙的应用场景，在这样的应用场景之下，我们将拥有全新的人际关系和千变万化的数字资产。

元宇宙是现实世界的数字化，还是数字世界的现实化？

现实世界的数字化，只是简单的数字孪生，把线下的搬到线上去。显然元宇宙不会这么简单，这样的世界更接近于史蒂文·斯皮尔伯格（Steven Spielberg）导演的电影《头号玩家》，有大量原先只存在于数字世界中的 IP 内容融合在其中，在一个数字空间下共存，给了人物和道具展开互动的机会，其中包含了社交、游戏、创作、经营等，通过各种信息技术的进步，将数字世界现实化，让大家可以真正生活在数字世界里。所以，元宇宙应该是数字世界的现实化。

1.2 数字经济

自人类社会进入信息时代以来，数字技术的快速发展和广泛应用衍生出数字经济（Digital Economy）。与农耕时代的农业经济，以及工业时代的工业经济大有不同，数字经济是一种新的经济、新的动能、新的业态，其引发了社会和经济整体性地深刻变革。数字经济作为一个内涵比较宽泛的概念，凡是直接或间接利用数据来引导资源发挥作用，且推动生产力发展的经济形态都可以纳入其范畴。在技术层面，包括大数据、云计算、物联网、区块链、人工智能、5G通信等新兴技术。数字经济通过不断升级的网络基础设施与智能机等信息工具、互联网—云计算—区块链—物联网等信息技术，处理大数据的数量、质量和速度的能力不断增强，推动人类经济形态由工业经济向信息经济—知识经济—智慧经济形态转化，极大地降低了社会交易成本，提高资源优化配置效率，提高产品、企业、产业附加值，推动社会生产力快速发展，同时为落后国家实现后来居上的超越性发展提供了技术基础。数字经济也称智能经济，是工业4.0或后工业经济的本质特征，是信息经济—知识经济—智慧经济的核心要素。

1.3　区块链

区块链是元宇宙的核心技术支撑。区块链是一种由多方共同维护，分布式存储的记账技术，具有不可篡改、可溯源、安全可信等特点。近年来，在中国经济数字化转型的背景下，随着区块链技术的快速发展与普及，区块链技术的研究与应用已由初期概念阶段进入大规模实际应用阶段，并被认为是继蒸汽机、电力、互联网等之后的下一代科技创新革命，将深刻改变经济、金融、工业、农业等各领域。

狭义上来看，区块链是按照时间顺序，将数据区块以顺序相连的方式组合成的链式数据结构，并以密码学方式确保不可篡改和不可伪造的分布式账本。广义上来看，区块链技术是利用块链式数据结构验证与存储数据，利用分布式节点共识算法生成和更新数据，利用密码学的方式保证数据传输和访问的安全、利用由自动化脚本代码组成的智能合约，编程和操作数据的全新的分布式基础架构与计算范式。

区块链技术在发展过程中衍生出了多种类别，最常见的是根据节点间的组织形式和决策机制将区块链系统分为公有链、私有链和联盟链三类（表1-1）。

表1-1　区块链分类

项目	公有链	私有链	联盟链
特点	节点任意接入，无信任，规则驱动	节点受到充分控制，节点间强信任；网络有严格的准入和监督机制	由联盟准许的节点组成网络，可预选节点来主导共识机制；网络有一定的准入和监督机制
案例	比特币、以太坊	企业内部的区块链系统	Quorum、Fabric

公有链：也简称为"公链"，它对分布式节点没有特定要求，完全以算法、数据结构和节点共识机制来组织。在这类系统中，节点之间是没有任何信任约束的。公共区块链没有访问限制，任何能连接到互联网的人都可以向公共区块链发送交易并成为验证者。通常，公共区块链会为用户提供某种形式的激励（比如比特币），以鼓励用户进行记账。最著名的公共区块链是比特币区块链和以太坊区块链。

私有链：一般适用于企业或组织内部，由内部管理者进行授权和管理。在这类系统中，由于节点是由系统的发起者充分控制的，所以节点间是强信任的。私有区块链不是开放的，除非网络管理员邀请，否则无法进入。参与者和验证者的访问受到限制。为了区分开放的公共区块链与非开放的私有区块链，后者通常也被称为分布式账本（一种分布式数据库）。与公共区块链不同，私有区块链不需要设立通证（代币，token）机制来鼓励用户记账。私有区块链也并非是去中心化的，是一种介于公共区块链与传统数据库之间的形态。

联盟链：一般由若干相互独立的主体共同形成联盟，并由这些主体各自运行一个或多个节点，只有被信任的联盟成员才能加入节点网络。这种系统中的节点面对着一定的网络准入和监督机制。在实践中，联盟链常由行业内的企业及监管机构共同发起和维护。

目前，区块链还属于行业发展初期，技术标准、应用范式、政策体系等还在加速构建，中国区块链发展方兴未艾。我国对区块链技术高度关注并加大了对产业的扶持力度，区块链技术落地的场景已从金融领域向实体经济领域延伸，覆盖了版权、医疗、审计、司法、公益、不动产、传媒、共享经济、泛娱乐等诸多领域。

借助分布式账本和智能合约技术大幅降低契约建立和执行的成本，区块链技术能为经济和产业发展带来五大红利，即降低信用建立成本、降低信用传递成本、降低监管审计成本、降低协议联通成本、降低组织管理成本。区块链技术在实体经济中广泛落地将为我国经济结构改革和"数字化经济"提供新的发展机遇。

1.4 NFT

1）NFT（Non-Fungible Token）为非同质化通证（或代币），是用来标记特定数字内容的区块链上的元数据。NFT本身具有唯一性、不可互换性和不可篡改性。

NFT凭证上标示着特定数字资产的历史交易信息、交易方数字签名、资产元数据（或指向元数据的链接）以及赋予持有人或创作者的相关权益等内容，并通过生成具有唯一性的编码，实现数字资产的所有权确认、流转。我们认为，NFT作为元宇宙的重要底层设施，通过数字资产确权和价值衡量，实现元宇宙中的交易流通和价值转移，是搭建元宇宙社会形态中经济体系的核心要素。

2）对比非同质化代币（NFT）、同质化代币（FT）两种应用代币，以及比特币（BTC）等原生代币，NFT对标数字资产，具有独特性。

（1）从原生代币和应用代币角度，原生币是维持区块链系统正常运行所需、体现权益的代币（coin），例如比特币、以太币；在区块链系统上通过二次开发产生特殊使用途径的是应用代币（token）。原生代币可直接作流通媒介，应用代币需有对标的价值物，背后是数字资产或某些权益带来的潜在收益。

（2）从不同类型应用代币角度，是否同质化是两者的主要区别。同质化代币是在特定场景中替代原生币行使功能的代币；非同质化代币是代表唯一数字资产的凭证，不能直接行使交易功能。类似发行股票，项目方多出于融资目的发行同质化代币，每份股票之间并无差别，对标的价值物为一定权益；但非同质化代币具有唯一性，即使同一项目的代币之间也不能直接交换，除赋予持有者权益外，更重要的是它对标的为特定数字资产。

3）NFT的特点。

（1）独一无二：每个NFT都有独特且唯一的编码，以证明相应数字资产所有权。尽管一份文档在网络上可被多次复制、传播，但原始文件始终仅此一份。

（2）不可替代：NFT 彼此之间不可直接互换。任何一单位比特币或 FT 均为等价，持有者可直接交换；但 NFT 独一无二的特性使得交换时必须对标法币或其他等价物，体现出非同质化的特点。

（3）不可分割：NFT 作为数字资产的记录凭证，具有完备性。一单位以太币被允许拆分成两个 0.5 单位以太币出售，而一项 NFT 资产的交易流转必须以整体形式进行。

（4）可编程性：使用智能合约技术，NFT 的可编程性为其创造出更丰富的应用场景。开发者基于 ERC-721、ERC-998 或 ERC-1155 三个协议标准为 NFT 编程，可以在交易中灵活设置条件、支持个性化场景。

（5）可追溯性：自创建起，NFT 的所有交易过程都将在链上记录。因此，持有者可轻松地追根溯源、辨别真伪。

（6）永久保存：NFT 被储存在去中心化的链上，不可被轻易篡改，为数字资产的保存、收藏提供了一种永久性选择。

1.5　NFR

NFR（Non-Fungible Rights，非同质化权益），NFR 与 NFT 相比较，NFT 突出"代币"的金融属性，而 NFR 强调"权益"，其并非具有金融属性。两者的哲学思想截然相反。从技术架构角度，NFR 是"以虚养实"的数字经济，数字经济带动实体经济，资产在实体。NFT 则是"以实养虚"的网络经济，资产在网络。从技术角度，NFR智能合约协议是Web3.0系统工程的一部分，是基于互链网/Web3.0架构，具有交易性和扩展性的开放联盟链。NFR是为解决数字文化等为代表的多领域数字化权益凭证在云链上流通的新模式，是基于解决国内技术和法律问题而提出的数字交易新路径，NFR的核心优势在于可以嵌套法律监管措施，目的是实现以链治链控制风险外溢的安全交易，NFR的权益属性契合《中华人民共和国民法典》数字资产的流通属性。

NFT本质是"数字代币"或"通证"，NFR是"数字权益凭证"，NFR不使用任何数字代币，具备相对完善的法律监管框架和认证机制。在成熟的NFR基础设施下，NFR法律权益风险可以实现闭环管理，能有效保障投资者权益，防止法律监管真空和盲盒效应。

NFR可应用领域十分广阔，包括但不限于艺术、音乐、体育、时尚、教育、礼券、品牌等。NFR的出现有利于促进数字经济与实体经济相互融合，用数字权益赋能实体经济。

在国务院发展研究中心国际技术经济研究所指导下，由北京航空航天大学发起，北京市天元律师事务所、中国科技产业化促进会、中国移动通信联合会、中国移动通信联合会互链网分会、中国广播电视联合会广电研发委员会、北京市文化娱乐法学会、中国信息界区块链研究院、北大法宝、清华大学信息技术研究院联合发布的《非同质化权益（NFR）白皮书——数字权益中的区块链技术应用》（以下简称《NFR白皮书》）一书中指出，NFR和NFT截然不同，代表全新的艺术与科技的结合。NFR解决了NFT存在的监管风险外溢问题，比如，现在NFT不使用合规数字货币（例如：央行数字货币），不使用相关智能协议，不使用任何区块链监管系统，在数字资产交易背后未有实名认证机制，对相关法律法规监管存在盲区，这些问题在 NFR 数字交易机制情境下可以得到完全规避。

NFR 比 NFT 更加应用广泛，由于自带身份认证和监管机制，在合规元宇宙上会有更大的发展空间，例如：NFR 加上合规数字货币可以建立合格数字金融体系，《NFR 白皮书》还提出建立国际 NFR 基础设施。

随着跨境的区块链基础设施的运营和发展，NFR 协议有希望成为国际数字资产交易新标准，当 NFR 协议成为一种主流价值标准时，在元宇宙空间里将会出现更多数字资产类型，这些数字资产都会在一个健康、公平、有序的法治环境下平稳发展。

第2章 区块链应用

2.1 区块链概述

我们先来看一下传统的记账方式。以用户 A 在商户 B 刷信用卡 30 万元购买一辆汽车为例，这笔交易是如何进行结算的呢？首先，A 的信用卡发卡行会根据交易指令从 A 的信用额度中扣除 30 万元，然后将这笔交易通知中央银行支付系统并将额度转到 B 的银行账户，最后，B 的银行在接收到来自中央银行的指令后，会在 B 的银行账户中增加 30 万元的余额。此处是简化后的例子，实际上，各个渠道包括人民银行都可能会在这笔交易中收取一些手续费。

这类交易需要中央机构的存在才能够完成，尤其是当 A 的信用卡发卡行与 B 的账户银行不是同一个银行的时候，中央银行作为中央机构是不可或缺的。在这种中心化的网络交易中，所有节点（各类大小银行）都连接至中央节点（中央银行），并且所有节点（各类大小银行）还进一步连接有众多的次级节点（银行的储户、用户）。在一个节点下的次级节点互相进行交易时，该节点相对于次级节点就成为相对的中央节点。例如，某个银行的用户在彼此间进行同行转账时，这个银行就可以被视为这多个用户的中央节点。

这种依赖于中央机构的中心化交易在中央机构出现问题时会给交易方带来风险。以银行为例，在发生银行破产的情况下，银行的用户间交易、跨行交易都可能变得困难重重甚至无法完成。或者当银行遭遇网络攻击或者系统出错，也会给交易带来诸多麻烦。

作为中心化交易的一个替代方案，区块链实现了一种去中心化交易的方式。如果用通俗的语言来描述的话，区块链是一个难以被篡改的、用来记录交易的共享账本（数据库）。这种交易适用于有形商品（房产、汽车），也适用于无形商品（知识产权）。

区块链包括多条被称为区块的记录，这些记录通过密码安全地链在一起，因此被称为"区块链"（Blockchain）。区块链的每个区块都包含前一个区块的加密哈希、时间戳和交易数据，这使得区块链的记录不能被篡改——除非某个节点掌握了全网一半以上的算力。对于比特币、以太坊等流行的区块链应用而言，掌握网络一半以上的算力几乎是不可能的（虽然历史上曾经出现过掌握比特币区块链一半算力以上的算力池），因为整个网络的算力远超多台超级计算机的算力；而对于其他非主流的区块链应用而言，掌握网络一半以上的算力是可能的，但这也会导致其可信度受到质疑。区块链网络不需要借助中央机构来确认交易，因为所有的节点都能够保存并访问记录有全部交易的账本。与之相对，在传统的记账方式中，每个节点仅保存并访问与自己相关的交易，并且与中央机构交换相关数据。

传统的记账方式类似于在官方网站下载软件，这种数据交换方式是中心化的，每个用户通过访问中央机构即官方网站来获得数据。而区块链类似于P2P下载，在这个过程中没有存储软件的中央机构，所有用户都保留软件的完整副本，有需求的用户可以从其他用户处获得软件。在这种分布式网络中，每个节点（用户）既是下载者也是上传者。

区块链技术的优点是经济、安全，因为其不需要中央机构的背书或者其他中介机构的介入，并且整个网络的交易难以被攻击。

2.2 比特币

比特币是由一个自称中本聪（Satoshi Nakamoto）的神秘人物于2008年提出的。中本聪设计的比特币提供了一种有别于传统货币的数字货币。传统货币由国家的中央银行发行并由国家信用背书，而比特币不需要受信任的权威机构或中央服务器来提供支持。比特币也不像传统的纸质货币那样需要印刷出来，而是由计算机计算出数学题分配的（这一过程被称为"挖矿"）。

双重支出（double-spending）是数字货币面临的一个难题。不同于传统的纸质货币通过交换实体纸币来实现支出，数字货币由于其性质可以被支出多次（类似于将一个电子文件复制出多份副本）。为了防止双重支出，在中心化网络中，可以由中央服务器对数字货币的支出进行验证。但是在分布式网络中，这一难题显然更难解决。目前，大多数分布式网络通过共识算法（使服务器同步）来解决这个难题。两种常见的共识机制类型是工作量证明（proof-of-work）和权益证明（proof-of-stake）。比特币的加密协议使用工作量证明机制，在该机制下，拥有更大算力的用户有更高的概率来完成记账，并能够获得比特币作为记账的奖励。而在权益证明机制下，拥有更多通证（代币，token）的用户有更高的概率来完成记账。

比特币是匿名的，这意味着资金不与现实世界的实体绑定，而是与比特币地址绑定。此外，比特币地址的所有者没有明确标识，但区块链上的所有交易都是公开的。由于这一性质，比特币容易被用于非法交易，如洗钱、毒品买卖等。

比特币是基于区块链的共享账本技术来实现的，但区块链可以用于记录任何交易。换言之，比特币只是区块链的一个应用，区块链提供了记录并存储比特币交易行为的基础，但区块链在比特币之外还有很多用途。

例如，以太坊是一个去中心化的、具有智能合约功能的开源区块链，在加密货币中市值仅次于比特币。

2.3 区块链应用现状

区块链的主要用途之一是作为比特币、以太坊等加密货币的分布式账本。

以比特币为例，由于其使用工作量证明（proof-of-work），即计算机的计算能力来验证交易，因此其消耗的能源极大，极不环保。据 2022 年 6 月的数据[①]，比特币交易每年的碳排放相当于哥伦比亚一个国家的年碳排放，每年的电力消耗相当于阿根廷一个国家的年耗电量，每年产生的电子垃圾与荷兰产生的相当。具体到每笔比特币交易，每笔交易的碳排放与 1787344 笔维萨（VISA）卡交易相当，耗电量可以供一个普通美国家庭使用将近 50 天，产生的电子垃圾相当于 2.3 部 iPhone 12。为此，一些加密货币开发人员正在考虑从工作

---

① https://digiconomist.net/bitcoin-energy-consumption.

量证明模型转向权益证明模型,但后者的安全性一直备受质疑,虽然其能耗一般是前者的 1/1000。

此外,由于比特币的所有数据都在链上,这保证了交易难以被篡改,但反过来带来的是记账效率低、速度慢。2022 年 4 月初,一个完整的比特币区块链的大小超过 390G[①]。比特币的平均区块时间是 10 分钟(2019 年年末),这意味着在比特币区块链中处理付款会延迟大约 10 分钟,使得比特币在零售环境中的使用非常困难。

比特币除了用于非法交易、耗电量极大外,还因为其价格波动大而受到批评。比特币被至少八位诺贝尔经济学奖获得者描述为经济泡沫。但尽管如此,一些投资者仍然重金押注比特币,包括萨尔瓦多政府,这个中美洲国家已将其列为法定货币。

此外,区块链还可以用于实现智能合约。基于区块链的智能合约可以在没有人为交互的情况下全部执行。智能合约的主要目标之一是自动托管,关键特征是其不需要受信任的第三方(如受托人)作为合同实体之间的中介——区块链网络会自行执行合同。这可能会减少转移价值时实体之间的摩擦,并为随后可能出现的交易自动化做铺垫。2018 年,国际货币基金组织工作人员的一次讨论报告称,基于区块链技术的智能合约可能会减少道德风险,并优化合同的使用。由于缺乏广泛使用,它们的法律地位尚不明晰。

金融服务业也对区块链技术展现了强烈兴趣。许多银行已经表示打算将其用于银行业的分布式账本,并且正在与创建私有链的公司合作。例如,2017 年 9 月,趣链科技与兴业银行合作的基于区块链技

---

① https://www.statista.com/statistics/647523/worldwide-bitcoin-blockchain-size/.

术的投标保函申请系统上线，对传统投标保函在业务渠道、交互方式和底层技术上进行了创新，实现了投标保函业务的全流程在线操作和办理，在保障业务数据真实可信的同时提高了客户体验。

在供应链管理中，已经有多种采用区块链的不同尝试。例如，2018年8月，五常市政府与阿里巴巴集团旗下天猫、菜鸟物流及蚂蚁金服集团展开全面合作。其中，五常大米将引入蚂蚁金服区块链溯源技术。从9月30日开始，五常大米天猫旗舰店销售的每袋大米都有一张专属"身份证"。用户打开支付宝扫一扫，就可以看到这袋米从具体的"出生地"，用什么种子、施什么肥，再到物流全过程的详细溯源记录。据悉，这一张张"身份证"的背后是一个联盟链，链上的参与主体为五常大米生产商、五常质量技术监督局、菜鸟物流、天猫。每个参与主体都会在"身份证"上盖一个"戳"，所有"戳"都不可篡改、全程可追溯。参与主体之间的"戳"彼此都能看到，彼此能实时验证，假"戳"和其他"戳"的信息就会被立即发现并查处。

2.4 区块链的政策及问题、区块链通证

早在2017年9月4日，中国人民银行、国家互联网信息办公室（中央网信办）、工业和信息化部（工信部）、国家工商总局、中国银行业监督管理委员会、中国证监会、中国保监会共七部委发布了《关于防范代币发行融资风险的公告》[①]，禁止了代币的流通使用。

如上所述，代币与公共区块链是密不可分的，公共区块链因为是一种分布式网络，需要为用户提供一定的激励来鼓励用户记账。由

---

① http://www.pbc.gov.cn/goutongjiaoliu/113456/113469/3374222/index.html.

于我国已经宣布代币非法，因此，在我国运行的区块链应用系统都禁止发行或交易代币，在中国境内运行的区块链不得带有交易性质。比如，树图链、星火链。对于 token，一般翻译为"通证"，而非代币。

2.5 区块链金融与数字货币

2021 年 7 月 16 日，中国人民银行发布《中国数字人民币的研发进展白皮书》（以下简称《白皮书》），全方位解释了数字人民币的"前世今生"。在《白皮书》发布后的记者采访环节，区块链技术参与数字人民币的研发也首次得到官方验证。

同日在发布会结束后的媒体采访环节，中国人民银行数字货币研究所所长穆长春面对《金融时报》记者的提问时答道：区块链具有数据不可篡改和可追溯等优势，但存在性能和可扩展性上的缺点，更适用于低并发、低敏感的资产确权、交易转让、账本核对等场景。根据区块链的技术特点和适用范围，中国人民银行探索了区块链在贸易金融、确权交易、交易对账等领域的创新应用，比如贸易金融区块链平台和数字票据交易平台。

根据数字人民币的顶层设计要求，需要按照技术长期演进、实用高效的原则设计技术路线。一是要满足零售高并发和央行中心化管理的要求，在交易层面应采取集中式处理方式；二是要促进公平竞争，提升监管效率；三是要提高清算和对账效率，实现"支付即结算"和高效差错处理能力；四是要在隐私保护的同时达到反洗钱要求。因此，在数字人民币支付体系的交易层，为支持高并发、低延迟，实现公众直接持有央行债权，采用了中心化架构，所有跨机构交易均通过央行端进行价值转移；同时，设计了基于加密字符串的数字人民币表达式，保留了安全性、防双花、不可伪造等特点，还可以加载与货币相关功能的智能合约，促进业务模式创新，成为数字经济活动的催化剂。在数字人民币支付体系的发行层，基于联盟链技术构建了统一分布式账本，央行作为可信机构通过应用程序编程接口将交易数据上链，保证数据真实准确，运营机构可进行跨机构对账、账本集体维护、多点备份。为充分体现数字人民币"支付即结算"的优势，数字人民币体系结合区块链共识机制和可编程智能合约特性实现自动对账和自动差错处理。同时，利用哈希算法不可逆的特性，区块链账本使用哈希摘要替代交易敏感信息，实现不同运营机构间的数据隔离，不仅保护了个人数据隐私的安全，亦可避免分布式账本引发的金融数据安全风险。

2.6 区块链的数据安全与保护

2.6.1 区块链数据安全概述

区块链基于诸如哈希函数、电子签名等密码学原理，具有匿名性和不可篡改性等特征，在应对传统数据安全问题上具有相当大的优势。在大规模网络环境下实现分布式的高效共识，建立安全可信的数据存储系统，降低中心化风险也具有广阔的应用价值。但是，在展现区块链如火如荼生命力的同时，也不能忽视其本身带来的安全和隐私方面的挑战。

首先，由于区块链作为一个分布式账本由众多矿工共同维护，每个节点上都存在一个完整的备份，因此账本上的所有记录对矿工节点都是可见的，从而不可避免地带来隐私问题。其次，区块链面临理论模型与实际网络状况相差甚远的安全性挑战。理论上区块链的安全性依赖于大量的数据冗余，攻击者面对众多网络节点伪造、篡改、删除数据是十分困难的。然而，在实际中，由于各节点的安全防护等级不同，攻击者可以利用网络拓扑结构，凭借少量资源即可成功实施小范围攻击。最后，完全去中心化的匿名区块链系统缺乏有效的监管手段，当攻击者对系统安全性造成威胁，一旦攻击成功，由于区块链的不可篡改性，非法交易无法撤回，将给用户造成不可逆转的经济损失。匿名的区块链平台也将成为犯罪滋生、不良内容传播的温床。

2.6.2　区块链数据安全应用中存在的问题

区块链技术起源于比特币，所以在发展初期，区块链技术主要应用于数字货币及金融领域。随着区块链技术的发展和人们对区块链特点的深入研究，区块链去中心化、不可篡改、匿名性、可追溯性等特点潜力被发掘，其应用已从最初的数字货币延伸至信息记录与管理、物联网、产品溯源等多个领域，引起了产业界和政府的广泛关注。随着理论与应用的深入，区块链展现出蓬勃生命力的同时，自身的安全性问题逐渐显露。

区块链技术应用于金融领域，可能会彻底改变资产的维护和储存方式、义务的履行、交易的实现和风险的管理以提高效率。但加密工具可能被技术攻破，公开账本与匿名性的矛盾导致了数据保护与可溯性不足，呈现出极大的风险。基于区块链的特征，一方面区块链允许所有系统参与者获得记录副本，然而并不是所有的系统参与者都愿意披露完整副本，基于国家安全、金融安全考虑，也不宜公开全部账本。另一方面参与者的匿名性也会给数据溯源带来问题，而数据溯源是反洗钱、反恐怖融资的核心要求。

在非金融领域，如物联网领域，区块链可以解决物联网设备之间存在的敏感数据的生成、交换和储存，也可以通过区块链对物联网数据篡改和滥用行为进行验证。但区块链的低效率、高资源占用率对应物联网中多方交易、海量终端的挑战显然不足，更糟糕的是，理论上区块链的匿名化在面对数据汇集、IP地址重合下也会因信息过度关联而失效。再如产品溯源，蚂蚁金服与茅台集团合作，力图帮后者建立白酒防伪溯源的区块链应用系统。然而仍有消费者称买到了假茅台，调查发现系部分产品在运输途中被调包。不难看出，区块链的溯源仅仅能够证明物品本身存在，但对物品本身的质量和数据的真实性难以保障。

在其他诸如信息记录与管理、智能制造、数字版权、能源领域等也存在相类似的问题。区块链技术本身的漏洞可能引发安全风险，其在应用过程中引发的法律风险也进一步制约着区块链更深的发展。

2.6.3　国内外区块链数据安全治理现状

2.6.3.1　国外区块链数据安全治理现状

区块链的应用发展迫切地需要系统地安全性研究作为指南。各国权威机构也将监管重点转向区块链的安全性。在全球数据安全形势越发严峻，给国家安全、企业秘密和个人隐私带来严重安全威胁的背景下，各国数据保护相关法律法规持续升级，确立了数据保护和个人信息的严格规则。

2016年12月，欧盟网络与信息安全局（ENISA）发布《分布式账本技术与网络安全：加强金融领域的信息安全》，旨在为业务和技术领域的金融专业人士提供评估，评估他们的机构在实现区块链时可能面对的各种好处和挑战，如区块链协议和法律条款的互操作性。2018年5月，欧盟通过了《通用数据保护条例》（GDPR），被誉为欧盟有史以来最为严格的网络数据管理规定。GDPR赋予用户"被遗忘权""可携带权""删除权"等权利的同时，还大幅强化了企业的违法责任，规范了监管安排机制。GDPR"过于严苛"的基调也招致了反对的声音，而"惩罚空前"也并非监管机构想要传递的信号。2018年10月，欧洲会议通过了《非个人数据自由流动条例》，旨在建立欧盟非个人数据自由流动的框架以及发展数据经济和提高欧盟产业竞争力的基础。2020年6月，欧洲数据保护监管机构发布《欧洲数据保护监管局战略计划（2020—2024）塑造更安全的数字未来》，该战略文件期望通过建立跨部门治理框架、加强数据基础设施投资、提升个体数据权利和技能、打造公共欧洲数据空间等措施，解决社会、环境和公共卫生等政策与数据使用、个人隐私之间的冲突。

作为推动全球区块链发展的重要力量，美国对区块链不同领域监管态度呈现差异性，联邦与各州、各州之间态度也各不相同。在能源、航天、医疗、交通制造、环保等领域，监管部门采取了较为开放的态度鼓励产业发展，而对于数字资产方向的应用则采取谨慎态度。2019年出台的《令牌分类法》《数字分类法》是美国企业和监管机构提供司法管辖权和监管确定性的主要法律。《令牌分类法》将加密货币排除在了证券之外，《数字分类法》为"数字资产"和"数字"单位提供了定义，这两项法律的出台为美国数字资产市场监管增强了明确性。紧接着同年出台了《区块链促进法》旨在在联邦层面对区块链技术统一标准和定义，这有利于防止区块链技术在认知、管辖、立法等方面碎片化，并为未来的区块链技术监管设置框架。各州方面，有态度未知的如阿肯色州、南达科他州等对区块链技术没有采取任何行动；有肯定的如内华达州、俄亥俄州等承认区块链是合法的电子记录；印第安纳州、艾奥瓦州等州则态度比较消极，如艾奥瓦州通过法案禁止政府机构接受加密货币作为付款方式。对区块链监管态度的不同可能会导致美国不同州府跨地区开展区块链应用遇到难题。

此外，俄罗斯、日本、韩国、澳大利亚、印度、巴西等国也对区块链数据安全治理展现出极大热情。俄罗斯央行进行了用于发行和流通数字的平台区块链的沙盒监管。日本对区块链包括金融领域应用均采取了较为开放的态度，如政府允许虚拟货币交易。而韩国多年来对加密产业的态度则一直起伏不定。总体而言，全球政策法律逐渐从前期的信息自由、数据共享逐步向数据安全治理过渡。

2.6.3.2　国内区块链数据安全治理现状

自2016年国务院在《"十三五"国家信息化规划》中将区块链技术作为战略性前沿技术之后，区块链技术的发展就备受关注。区块链技术在向数字金融、物联网、智能制造、供应链管理等领域延伸的过程中也引发了监管担忧。国内区块链安全治理主要以法律法规为依托，加之政策的灵活指导，配合行业相关技术标准，逐渐形成了多层次的治理格局。

法律层面，2021年《中华人民共和国数据安全法》《中华人民共和国个人信息保护法》相继出台之后，我国在规范数据处理、保护数据安全和个人信息方面有了核心法律支撑。《中华人民共和国数据安全法》中将数据明确为"任何以电子或者其他方式对信息的记录"，这为"区块链数据"纳入网络数据安全治理提供了法律依据。配合此前的《中华人民共和国网络安全法》《中华人民共和国电子商务法》《中华人民共和国民法典》（以下分别简称《网络安全法》《电子商务法》《民法典》）等多部法律，我国在数据安全领域已初步形成了数据安全治理的法律规范体系。

政策层面，为了数据技术和产业健康发展，从中央到地方都出台了一系列政策来提升政府对大数据的运用能力，完善政府服务和监管体系，提高政府数据治理水平。从中央来看，2016年12月，国务院在《"十三五"国家信息化规划》中将区块链列入战略性前沿科技之一，强调要加强数据安全保护、实施大数据安全保障工程，建立跨境数据流动安全管理制度。2019年1月，中央网信办审议通过了《区块链信息服务管理规定》，规范了区块链信息服务活动中应当遵循的基本原则、技术服务标准、监督管理以及法律责任等，并在随后的《涉安全评估条款说明的公告》中，明确了安全评估的具体要求。2021年5月，工信部、中央网信办联合发布了《关于加快推动区块链技术应用和产业发展的指导意见》，要求区块链发展应当安全有序，坚持发展与安全并重，"加强政策统筹和标准引导，强化安全技术保障能力建设，实现区块链产业科学发展"。在地方上，青岛、杭州、深圳等城市率先推出区块链相关产业政策，随后，陕西、河北、广东、山东等地也先后跟进。截至2022年，全国已有29个省市将发展区块链技术写入《"十四五"规划》，政策以扶持和鼓励产业为主，同时也延续了对虚拟货币的监管和打压。

行业标准层面，工信部于2016年10月发布了《中国区块链技术与应用发展白皮书（2016）》，提出了基础、业务和应用、过程和方法、可信和互操作、信息安全等5类标准。并初步明确了21个标准化重点方向和未来一段时间内的标准化实施方案。为中国区块链行业发展标准搭建了框架。2017年5月工信部发布了《区块链参考架构》，描绘了包含开发、运营、安全、监管审计在内的典型功能组。2017年12月，工信部发布了《区块链数据格式规范》，界定了区块链的对象结构、分类、元属性以及格式规范，为区块链系统建设提供了数据参考。2019年，工信部在《2018年信息化和软件服务业标准化工作要点》中提出要从组织建设、标准体系、重点标准、推进国际化、开展应用示范、培育团体标准、实施动态管理7个方面推进信息化和软件服务业标准化工作。

2.6.4　区块链数据安全监管

随着区块链技术的发展，传统的法律制度与监管机制难以适应性能发展与应用跨链的要求。区块链监管面临着制度空白与技术空白的双重障碍。

第一，制度空白风险。作为区块链技术基础单位的数据是非有体物，且非法律特别规定的无体物。现行我国法律《网络安全法》《民法典》《个人信息保护法》等部分规定了数据的利用应当遵循的规范，但这些规范多关注数据的个人信息属性，而对数据本身的独立属性、归属问题、使用权限没有明确。

第二，技术空白风险。监管技术的目标是对非法行为的检测、追踪和追责，从而保障区块链平台的内容安全。然而，区块链去中心化、不可篡改、匿名等特征却增加了监管机制设置的难度。部分研究人员提出通过政府设置专门的执法机构来对区块链数据进行追踪。另一些人提出放弃区块链的匿名性以降低监管的难度，或者构造多中心的架构，各中心具有不同的监管权限。这些监管方案或多或少都牺牲了区块链的优势特点，面对海量数据，这种向传统中心化监管方式靠拢的方案可行性也有待商榷。

《区块链信息管理服务规定》第三条，规定由中央网信办依据职责负责全国区块链信息服务的监督执法工作。省、自治区、直辖市互联网信息办公室依据职责负责本行政区域内区块链信息服务的监督管理工作。但《区块链信息管理服务规定》本身的效力层级属于规范性文件，而互联网信息办公室作为互联网信息内容管理、依法查处违法违规网站的互联网信息监管机构，其对于区块链数据监管的法定职权和执法资源也应当予以考虑。如何实现保护数据安全的同时监控非法行为将长久地成为区块链应用发展需要突破的关键理论。

2.6.5 区块链数据安全合规

当今社会，公共管理已经成为一个复合概念，应对产业变革和社会变革带来的一系列新挑战，借助多元化的治理模式不可避免。

一方面，要完善政府部门战略合作与统筹，成立跨部门、跨层级的工作小组，出台区块链发展白皮书、法律法规等规范性文件。另一方面也要实现多元协同，整合社会资源优势。第一，社团、行业协会、中介组织参与治理，并在尚未设立专门监督机构、颁布专门区块链法规时，发挥辅助监管作用，如上报违规信息、平台自检治理等。第二，区块链行业协会等组织为政府部门提供与区块链发展有关的政策服务，利用丰富的实践经验，参与区块链行业标准制定和应用场景设计，为区块链系统安全、从业人员资格认定等提供专业服务。第三，推动行业信用评价体系建设，通过自律性的规范管理，一方面使政府相关人员明确区块链的应用现状，另一方面使管理部门理性监管，避免"不管就乱，一管就死"的后果。

正如在区块链的世界中，任何参与者都不可能单独决定公共事务，且社会公共事务的达成也不能缺少任何一个参与者。在区块链技术可能带来的社会风险治理中，缺少了政府、企业、社会组织或公共事务任何一方，都会使集体行动陷入困境。

2.7　区块链的刑事法律边界

2.7.1　区块链涉及刑事犯罪的主要环节

2.7.1.1　代币发行融资刑事风险

不论从发行主体，还是从投资者角度来看，ICO（Initial Crypto-token Offering，初始代币发行）都存在相应刑事风险。从发行主体来看，ICO 涉及非法公开发行证券，涉嫌为洗钱等犯罪行为提供渠道，涉嫌非法吸收公众存款、非法经营、传销等风险。对于投资者而言，ICO 存在诈骗、内幕交易等风险。

A. 非法集资风险

2017 年 9 月 4 日，"一行三会"七部委联合发布公告（《关于防范代币发行融资风险的公告》），将 ICO 定义为"本质上是一种未经批准非法公开融资的行为"，紧急叫停了 ICO 项目，全面禁止此项融资活动。

我国境内不允许场内场外发行ICO，也不允许场内交易。因此，目前在国内已不存在场内发行、场外发行、场内交易的实践，只能进行场外交易。对于实践中在场外发行虚拟货币融资的活动一律认定为非法集资活动。

【行为定性】

一是对于承诺以还本付息等形式给予回报，向社会公众吸收资金或者变相吸收资金的行为，应认定涉嫌非法吸收公众存款罪。

二是对于以非法占有为目的，并使用诈骗的方法，变相吸收公众存款的，应认定涉嫌集资诈骗罪。

三是对于以发行虚拟货币为名，向社会不特定对象发行或者变相发行股票或公司、企业债券，或者向特定对象发行、变相发行股票或者公司、企业债券，应当认定涉嫌擅自发行股票、公司、企业债券罪。

B. 传销、诈骗风险

针对实践中虚拟货币广受追捧的情况，行为人在互联网平台以兜售所谓的虚拟货币的方式发展会员，自行控制所谓虚拟货币的升值幅度吸引下线，根据会员发展下线的人数作为计酬或返利的依据，从而骗取他人财物。

【常见形式】

一是以区块链的名义，成立相应的企业或公司，从事销售所谓"虚拟货币"的行为。

二是销售"虚拟货币"往往以承诺高收益为诱饵，引诱他人购买一定数量的"虚拟货币"，以便取得会员资格。

三是引诱已有会员发展其他人购买一定数量的"虚拟货币"作为

下线，并计算报酬。

【行为定性】

第一，对于利用虚拟货币开展网络传销，如果涉案的虚拟货币属于虚假的虚拟货币（并非基于区块链技术的虚拟货币），就可能构成诈骗罪。

第二，即使销售的虚拟货币属于真实的虚拟货币，但如果以非法占有为目的，行集资之实（销售虚拟货币的价格远远高于虚拟货币本身的价值），就可能构成集资诈骗罪。

第三，以"拉人头"和"收取入门费"式ICO骗取财物行为可构成组织、领导传销罪，在区分投资者错误认识类型和程度基础上判断ICO行为也可能构成诈骗罪。

第四，在组织领导传销活动罪与诈骗罪、集资诈骗罪同时成立的情况下，对组织者和领导者应当从一重处断，对其他行为人满足集资诈骗罪条件的，应当以集资诈骗罪认定。

2.7.1.2 区块链"币"周边刑事风险

A. 恶意挖矿

恶意"挖矿"指的是行为人以劫持他人计算机的方式进行"挖矿"，即未经他人同意，擅自利用他人计算机进行加密货币"挖矿"。

【常见形式】

第一，远程入侵计算机远程投放式的恶意"挖矿"，即在他人服务器、电脑上安装"挖矿"程序。

第二，在网页里植入恶意代码，即网页植入式的恶意"挖矿"。

第三，通过网站传播的恶意，即程序网站发布式恶意"挖矿"。

第四，发展代理线下安装恶意程序。

【行为定性】

第一，破坏计算机信息系统罪。根据最高法、最高检《关于办理危害计算机信息系统安全刑事案件应用法律若干问题的解释》第五条第（二）项，"能够在预先设定的条件下自动触发，并破坏计算机系统功能的程序"应当认定为"计算机病毒等破坏性程序"。恶意"挖矿"程序符合"计算机病毒等破坏性程序"的特征，故恶意"挖矿"行为符合《中华人民共和国刑法》（以下简称《刑法》）第二百八十六条第一款"对计算机信息系统功能进行干扰"和第三款"故意传播计算机病毒等破坏性程序，影响计算机系统正常运行"，应评价为破坏计算机信息系统罪。

第二，非法控制计算机信息系统罪。利用木马程序获取计算机的部分控制权，将他人计算机信息系统当作本人所有而加以利用，属于未经授权控制计算机信息系统执行特定操作，应评价为非法控制计算机信息系统罪。

第三，盗窃罪。将自己的"挖矿"设备挂接在他人电路设备上，利用他人电力资源进行"挖矿"。

B. 利用虚拟币跨境逃汇或洗钱

"虚拟货币"以区块链为底层技术支持，具有去中心化的特点，容易躲避各国货币系统的监管。同时，用户在交易时只会留下钱包地址，并不会关联到用户的真实身份，难以追查到现实本人。因此，部分公司、企业或其他单位利用虚拟币的优势，先将人民币在国内兑换为虚拟币（如比特币）后，再将虚拟币支付到国外账户兑付外币，采用这一手段逃避国家外汇监管。

【行为定性】

第一，以比特币为中介转移外汇行为的定性。在"外币—比特币—外币或人民币"的模式下成立"将境内外汇非法转移到境外"的逃汇罪，在"人民币—比特币—外币"的模式下成立"擅自将外币存放境外"的逃汇罪。

第二，掩饰隐瞒行为的定性。行为人如将上游犯罪的所得及其产生的收益兑换为比特币等"虚拟货币"进行转移，或汇往境外再兑换为当地法定货币，以掩饰、隐瞒其来源和性质的，则涉嫌洗钱罪。除洗钱罪外，类似行为还涉嫌掩饰、隐瞒犯罪所得、犯罪所得收益罪。

2.7.1.3 区块链相关刑事风险

A. 虚假宣传、脱离实体炒作骗取他人财物

行为人往往打着区块链研发公司或者推介公司的名义，进行虚假的宣传，骗取特定人或者不特定人的财物。

【行为定性】

各种以区块链、"虚拟货币"为名目的犯罪行为，本质上都具有欺骗性质，可能涉嫌《刑法》第二百六十六条的诈骗罪。诈骗罪作为典型的财产犯罪，除三角诈骗外，一般的犯罪逻辑是行为人实施欺骗行为使被害人产生错误认识，被害人基于错误认识对财产进行处分并遭受损失。由于近年来互联网金融成为投资热点，相关骗局利用热点概念进行炒作，编造名目繁多的"高大上"理论，极具欺骗性和诱惑性，容易使社会公众产生错误认识。

B. 为研发区块链技术吸收他人投资

由于区块链技术研发需要投入大量的人力和物力，而部分行为人要么对投入估计不足，要么就根本没有研发的资金实力。因此，部分

行为人开始通过各种平台宣传推介包装自己的研发团队，变相发行股票以及公司、企业债券，或者承诺高息直接非法吸纳多数不特定人群的存款，从而严重扰乱了金融管理秩序。

【行为定性】

第一，利用区块链名义非法集资的行为具体包括入股或债券、存款、诈骗三种不同的形式，但无论哪种形式一般都是向不特定对象或人数众多的对象吸收资金。

第二，对于实践中以区块链研发为名，通过发行股票债券或者变相发行股票债券的方式，筹集资金的行为，应以涉嫌擅自发行股票、公司企业债券罪认定。

第三，不具有非法占有目的，通过承诺高息，吸收存款或者变相吸收存款的方式，进行集资的行为，应以涉嫌非法吸收公众存款罪认定；表面实施发行股票、债券或者吸收存款，以及变相发行股票、债券或者吸收存款，但以非法占有为目的的，应以涉嫌集资诈骗罪认定。

2.7.2 区块链涉及刑事犯罪的常见罪名

2.7.2.1 组织、领导传销活动罪

组织、领导传销活动罪，是指以推销商品或提供服务等经营活动为名，要求参加者以缴纳费用或者购买商品、服务等方式获得加入资格，并按照一定顺序组成层级，直接或者间接地以发展人员的数量作为计酬或者返利依据，引诱、胁迫参加者继续发展他人参加以便骗取财物，扰乱经济社会秩序的传销犯罪。

案例1：邓某祥组织、领导传销活动案[①]

【关键词：推销数字货币】

被告人邓某祥伙同吕某某、范某某、刘某某等人以推销数字货币为名，要求参加者购买不同数量的亚盾币租赁亚盾矿机的方式获得会员资格，并按照一定的顺序组成多层级，直接或间接以发展会员的数量作为计酬或者返利的依据，以此引诱会员继续发展他人参加，骗取财物，扰乱经济社会秩序。

被告人邓某祥虽在该组织成立不久后离开，但其并未阻止该传销组织继续进行传销活动，其作为该组织的早期策划人，对该组织的发展、扩大起了关键作用，其行为已构成组织、领导传销活动罪，公诉机关指控的罪名成立。

法院认为，组织、领导传销活动罪是指组织、领导以推销商品、提供服务等经营活动为名，要求参加者以缴纳费用或者购买商品、服务等方式获得加入资格，并按照一定顺序组成层级，直接或者间接以发展人员的数量作为计酬或者返利依据，引诱、胁迫参加者继续发展他人参加，骗取财物，扰乱经济社会秩序的传销活动。

在传销活动中起发起、策划、操纵作用的人员，承担管理、协调等职责的人员，承担宣传、培训等职责的人员及其他对传销活动的实施、传销组织的建立、扩大等起关键作用的人员，都可以认定为传销活动的组织者、领导者。

[①]（2018）湘1227刑初127号。

案例2：罗某灵组织、领导传销活动案①

【关键词：非法线上发展人员购买"矿机挖矿"】

上诉人罗某灵以某官网网站会员的身份在互联网上转发、推广"恒星币"，组织、领导以投资购买"矿机"等方式获得加入资格，并按照一定顺序组成层级，直接或者间接以发展人员的数量作为返利依据，引诱参加者继续发展他人参加，从下线的投资中提成从而获利为名，骗取财物，扰乱经济与社会秩序，其行为已构成组织、领导传销活动罪。

上诉人罗某灵提出这个平台是自愿加入的，"矿机"也是自愿购买的，并没有引诱他们，后台也不会因为人员的增加而增加收入，不构成组织、领导传销活动罪的意见，经查，加入恒星币官网网站成为会员，是以投资购买"矿机"可以产生"恒星币"，并可进行交易获利为诱饵，引诱他人加入的。

上诉人罗某灵成为恒星币官网会员后，最初的级别是普通矿工，后通过推销"矿机"和直接或者间接发展人员，升任为一级矿工，根据侦查机关对恒星币官网网站远程勘验的事实，上诉人罗某灵在级别是普通矿工时提取的是直推奖，但升任为一级矿工时提取的既有直推奖，又有团队奖，上诉人罗某灵的行为符合组织、领导传销活动罪的构成要件。

【律师评析】

以上案例中，被告人均以买卖虚拟货币可以获得高额收益为名，

---

① （2017）粤14刑终106号。

要求参加者购买不同数量的虚拟货币的方式获得会员资格，并按照一定的顺序组成多层级，直接或间接以发展会员的数量作为计酬或者返利的依据，以此引诱会员继续发展他人参加，骗取财物，扰乱经济社会秩序的可能构成组织、领导传销活动罪。

2.7.2.2　非法吸收公众存款罪

非法吸收公众存款罪，是指违反国家金融管理法规，向社会不特定对象吸收资金，出具凭证，承诺在一定期限内还本付息的犯罪活动。或者不以吸收公众存款的名义，向社会不特定对象吸收资金，但承诺履行的义务与吸收公众存款性质相同的犯罪活动。

案例：陈某仁非法吸收公众存款案[①]

【关键词：承诺高回报】

被告人陈某仁伙同杜某等人（另案处理）于2018年4月至8月，以某科技有限公司的名义，违反国家规定，以高额回报为诱饵，向社会公开宣传"睿智链"，吸收资金共计人民币25872309.28元。

法院认为，非法吸收公众存款罪的成立必须同时具有四个构成要件：一是非法性，该案中国睿华安公司不具有发行金融产品资格，违反国家规定非法发行睿智链产品，其行为具有非法性；二是社会性，该案中被告人面向社会不特定多数人非法集资；三是公开性，在案证据可见，陈某仁、杜某、夏某等人曾公开宣传睿智链；四是利诱性，本案中国睿华安公司曾宣传"单边上扬、持币生息、福利滚存"，吸

[①]（2019）京0108刑初945号。

引投资。故其行为完全符合非法吸收公众存款罪的犯罪构成要件。

【律师评析】

以上案例中，被告人均明知涉案公司没有获得批准从事吸收存款等金融方面的资质，仍以投资虚拟货币获得高额回报为诱饵，面向社会不特定多数人通过各种渠道非法集资，并进行公开宣传，构成非法吸收公众存款罪。

2.7.2.3 集资诈骗罪

集资诈骗罪是指，以非法占有为目的，违反有关金融法律、法规的规定，使用诈骗方法进行非法集资，扰乱国家正常金融秩序，侵犯公私财产所有权的犯罪行为。

案例1：吕某轩、陈某莹集资诈骗案[①]

【关键词：非法组织宣传高额返利】

2016年上半年至2017年4月，廖某、胡某、沈某（均另案处理）纠集被告人吕某轩、陈某莹等人，以非法占有为目的，经事先预谋及相关"培训"，公司名为GTPD，并制作了"购派币"交易网站，制订了网站交易购派币的相关规则，以高额返利为诱饵，利用网络平台通过发展下级会员获取利益回报，由胡某操控公司的整体运作、宣传、"购派币"营销网络的程序设定、后台维护修改；由被告人吕某轩、陈某莹专门负责在内地授课宣讲，同时接受胡某指令，部署相应的传销活动，接收会员注册租赁矿机的费用等。

---

① （2018）苏0412刑初174号。

被告人吕某轩、陈某莹在常州大量进行购派币的宣讲、培训,通过当面讲解等形式组织、协调常州地区会员团队发展。在审理中,法院认为,被告人吕某轩、陈某莹在他人纠集下,以非法占有为目的,为实施传销活动组成较为固定的犯罪组织,并在传销活动中承担宣传、培训等职责,其行为均已构成集资诈骗罪。最终,两名犯罪嫌疑人被判处有期徒刑并处以罚金。

案例2:余某锋等集资诈骗罪案[1]

【关键词:网络积分虚拟币】

2017年5月初,被告人余某锋、熊某飞、熊某程、朱某园及陈某3、罗某1、楼某(均另案处理)等人经事先合谋,在义乌市注册成立义乌市贝某2网络科技有限公司(以下简称贝某2公司),由被告人余某锋担任法人代表人。

被告人熊某飞负责"贝某1"市值管理及对接"云数网"交易平台;被告人熊某程负责产品采购和物流发货;被告人朱某园负责联系技术人员搭建"深蓝积分"投资平台,同时也负责做市场。

楼某任市场总监,管理整个市场;陈某3负责公关、后勤;罗某1负责做市场业绩。

贝某2公司运营不久后请来外号"风神"的网络操盘手梁某3(另案处理),共同经营"深蓝积分""贝某1"网络平台集资项目。

自2017年5月底以来,被告人余某锋、熊某飞、熊某程、朱某

---

[1] (2018)浙0782刑初2017号。

园等人合谋后聘请他人制作虚假宣传资料,通过微信宣传拉会员投资,采取三级分销模式,让会员到贝某2公司网络平台以高价购买低价红酒、铁皮枫斗、铁皮石斛等套装产品,赠送等值"深蓝积分",并承诺短期内可获得高额回报,还可以投资购买公司对接外网平台虚拟币"贝某1",通过"贝某1"的上涨获取更高额收益,而"贝某1"的涨跌实则由被告人熊某飞通过后台操纵。至2017年7月10日左右,被告人余某锋、熊某飞、熊某程、朱某园等人短期内便发展了全国近两千多名会员注册了9000多个账号,非法集资款达5938万元人民币。

收取的投资款除2017年6月15日至2017年7月7日被告人熊某飞、余某锋、朱某园、熊某程共计投入"云数网"内人民币1716万元以及扣押的48万元外,其余款项均被被告人余某锋及陈某3等人以公司运营投入为由进行挥霍。

该院认为,被告人余某锋、熊某飞、熊某程、朱某园以非法占有为目的,使用诈骗方法非法集资,数额特别巨大,其行为均已构成集资诈骗罪。公诉机关指控成立,应予支持。

【律师评析】

以上案例中,被告人均以非法占有为目的,经事先预谋,以虚拟货币为名,承诺短期内可获得高额回报作为引诱,面向社会不特定多数人通过各种渠道非法集资,进行公开宣传,并对骗取的款项具有挥霍行为。被告人均在犯罪中发挥积极作用。

2.7.2.4 诈骗罪

诈骗罪是指,以非法占有为目的,用虚构事实或者隐瞒真相的方法,骗取数额较大的公私财物的犯罪行为。

案例 1：骆某网络诈骗案[①]

【关键词：网络诈骗】

2018 年 5、6 月份，被告人骆某伙同何某某（另案处理）在明知 GMQ 平台是吃客损的情况下，仍通过拨打电话的方式向被害人田某询问是否对区块链感兴趣，并表示自己有优质导师，可以在导师指导下挣钱。而后使用"区块链-李某"的微信号添加田某为好友。之后，为获得田某信任，骆某、何某某代替田某操作。其间对田某进行一系列欺骗，并将田某投资款非法据为己有，最终告知田某其投资款全部赔光。

法院认为，被告人骆某以非法占有为目的，诈骗他人财物，数额巨大，其行为已构成诈骗罪。

案例 2：欧阳某某诈骗案[②]

【关键词：项目投资诈骗】

欧阳某某通过此前向被害人章某文宣传"金砖储备资产货币"项目吸引章某文注意后，谎称能够帮助章某文投资该项目，诱使章某文在同月 1 日至 3 日，陆续向其使用的微信账号转账。被告人章某瑞收取上述款项后，通过 ATM 柜员机取款、转账、第三章某支付及柜台取现等方式，将其中 106 万元分批次全部转出，并分散存入其本人或由其控制使用的高某娇、严某香、刘某华、欧阳某某等人的银行账

---

① （2019）豫 0402 刑初 152 号。
② https://ndzy.fjcourt.gov.cn/article/detail/2019/03/id/4395860.shtml.

户，后用于个人开支。同月间，被告人欧阳某某断绝与被害人章某文联系，造成章某文经济损失107万元。

原判认为，被告人欧阳某某以非法占有为目的，虚构事实，诈骗被害章某共计107万元，数额特别巨大，其行为已构成诈骗罪。

原审被告章某瑞上诉认为，其与被害人章某文之间章某借贷经济纠纷，不构成诈骗犯罪。

二审法院认为，上诉人欧阳某某以非法占有为目的，虚构事实，骗取被害人财物共计107万元，数额特别巨大，其行为已构成诈骗罪。上诉人欧阳某某的上诉意见均与查明事实不符，不予采纳。原判定罪准确，量刑适当，审判程序合法，适用法律正确。

案例3：童某祺、康某理财诈骗罪案[①]

【关键词：理财诈骗】

2018年5月，被告人童某祺在新化县上渡办事处"狮子山宾馆"及白沙安置区各租了一套房，召集被告人康某及刘某林、陈某兴、李某峰（均另案处理）等人在该两租房内利用"兴业理财"网络平台实施诈骗。童某祺负责该平台的后台管理及客服咨询、诈骗技术指导、诈骗团伙生活保障开支，李某峰负责团伙成员招募及管理，刘某林、康某、陈某兴等人为业务员。该月22日，陈某兴添加被害人宋某为微信好友，并向宋某推介"兴业理财"平台上的虚假理财项目，后宋某陆续开通两个会员号并向该平台充值15万余元，童某祺通过后台

---

① （2019）湘1322刑初34号。

将宋某会员号的金额修改至对应金额。

31日，童某祺假称宋某的两个会员号绑定的是同一个实名身份属违规操作，将宋某的两个会员号锁定，宋某在不能提现后咨询平台客服，童某祺要求宋某充值同等金额才能解锁，宋某便又陆续充值15万余元，童某祺就此将平台关闭。

法院认为，被告人童某祺、康某以非法占有为目的，利用微信、虚假理财网络平台骗取他人财物，数额巨大，其行为已构成诈骗罪，公诉机关指控两被告人犯诈骗罪的事实及罪名成立，依法应当追究其刑事责任。

【律师评析】

以上案例中，被告人均以非法占有为目的，以投资虚拟货币为名，利用微信、虚假理财网络平台等方式骗取他人财物，数额巨大。构成诈骗罪。

2.7.2.5　破坏计算机系统罪

破坏计算机系统罪是指，违反国家规定，对计算机信息系统功能或计算机信息系统中存储、处理或者传输的数据和应用程序进行破坏，或者故意制作、传播计算机病毒等破坏性程序，影响计算机系统正常运行，后果严重的行为。①造成10台以上计算机信息系统的主要软件或者硬件不能正常运行的；②对20台以上计算机信息系统中存储、处理或者传输的数据进行删除、修改、增加操作的；③违法所得5000元以上或者造成经济损失1万元以上的；④造成为100台以上计算机信息系统提供域名解析、身份认证、计费等基础服务或者为1万以上用户提供服务的计算机信息系统不能正常运行累计1小时以上的。

案例：吴某某、邓某某破坏计算机信息系统罪案[1]

【攻击平台漏洞】

2018年6月，被告人吴某某发现全球区块链数字资产交易平台IDAX存在"假充值"漏洞后，遂指使被告人邓某某用假身份在该平台上注册账号并实名认证。

后被告人吴某某利用"暗网"上的在线工具，在该平台上攻击"假充值"漏洞，并进行增加充值数据，从而虚假充值泰达币（USTD）到其账号内。

之后，被告人吴某某用虚假充值获得的泰达币购买15个比特币和232个以太币并提取到自己的电子钱包内，造成IDAX平台的技术维护方上海吾式信息科技有限公司直接经济损失4万元。

法院认为，被告人吴某某、邓某某违反国家规定，对计算机系统中存储、处理的数据进行增加的操作，后果严重，两被告人的行为现已触犯刑律，构成破坏计算机信息系统罪，依法应予惩处。

【律师评析】

被告人在发现区块链交易平台存在漏洞后，在该平台注册账号，并利用在线工具，在该平台上攻击漏洞，进行增加充值数据，从而虚假充值虚拟货币到其账号内，构成破坏计算机信息系统罪。

---

[1]（2019）沪0120刑初435号。

第3章
元宇宙与NFT

据报道，2021年8月海外NFT市场热度、交易量达到了最高点，此后的交易量开始持续下降，截至2022年11月，经过一年多的时间，海内外市场都发生了比较大的变化。

3.1 海内外NFT市场的动态变化

3.1.1 海外NFT市场

（1）虽然2022年前三个月交易量情况同比2021年增长很多，但是还远远没有达到2021年8月的最高点，目前各月的交易量大概就只有8月的一半或者1/3的体量。

（2）海外二级市场交易非常活跃，如果以2020年7月作为一个分水岭，之后8月到现在，二级市场的交易额占比一直保持在80%，接近90%，这也是跟国内交易市场显著不同的特征之一。

（3）2022年1月，海外推出一个新的平台LooksRare，它的出现对OpenSea市场份额的冲击很大。按照交易额数据来看，之前都是 OpenSea 一家独大，现在是一个加上 LooksRare 形成双寡头的格局，基本上交易量对半开。

3.1.2　国内NFT市场

NFT 概念最开始被国内熟识，是 2021 年 6 月阿里发布的两款 NFT 产品——九色鹿和敦煌飞天，市场开始发展。但国内市场热度真正起来、各家开始布局并推出产品的时间是在 11 月到 12 月，除了国内互联网头部公司、一些内容型公司、上市公司，以及一些中小创平台也陆续推出各种数字藏品平台。比如 12 月视觉中国的元视觉上线，腾讯幻核平台发行的数字藏品也越来越多（虽然是 8 月上线，但迟迟没有作品发布），后来还有芒果超媒、蓝色光标入局。

整体对比来看，国内的发展差不多相对滞后海外 4 个月，在 2021 年 12 月达到一个小高潮，近期热度也还可以，所以参考海外的周期，再结合最近的政策情况，短期内预计 2022 年 NFT 市场整体将阶段性的小幅降温。

3.2　海内外NFT发展路径的差异化比较

3.2.1　NFT发行的区块链平台不同

国外主流的平台，基本上用的都是比特币、以太坊之类的公链，国内基本上都是联盟链，这是有本质区别的。公链是完全去中心化的，交易比较自由；联盟链本质上是中心化，或者半中心化的，这就导致其无法获得海外市场的认同，也无法获得主流玩家的认同。

目前国内的联盟链有自己的交易规则，联盟链与公链的另外一个重要区别就是数字藏品的所有权范围，国内主流的数字藏品平台只给了买方使用权，比如在阿里和腾讯的平台上，买家没有所有权，因此不能进行一些商业化的用途，基本只有观赏权，很局限，保护的是创作者的权益，所以二次交易就更不可行了。

3.2.2 商业模式不同

体现在NFT与数字产品本身的定位，以及发行方式、定价方式、交易方式上的不同。

（1）定位：为什么国外叫NFT，而国内叫数字藏品？就是字面的意思，NFT叫非同质化货币，具备金融货币属性，而国内的数字藏品，强调的是艺术和收藏价值。

（2）发行方式：海外主流NFT大多基于公链发行，所以发行方式与交易的自由度非常高，创作者非常活跃，不管是PGC（专业生产内容），还是UGC（用户生产内容），内容都很多，尤其是像OpenSea这样的综合型平台，允许普通用户发行NFT。但是国内基本上还是以PGC内容为主，可以看到像阿里和腾讯的平台上的内容来源更多是和博物馆、文创机构合作的，或者签约艺术家，以及一些腾讯旗下的动漫IP。

（3）定价方式：国外定价权在用户自己手上，可以设置分成模式、比例等。因为海外NFT的价格主要随着市场的供需关系而波动，而且发行方的资质差别较大，所以导致不同NFT的价格差异非常大，经常有上万元，甚至有上千万价格的产品出现。

但是国内的定价权掌握在平台或机构手中，而且价格普遍很低，阿里鲸探平台的数字藏品定价在 18～29.9 元，发行量大致为 5000～10000 份；腾讯幻核平台上数字藏品的定价大多在百元左右，限量发行几千份。整体价格浮动不大。

所以从发行方式和定价对比来看，海外对发行人的资质要求是比较低的，定价也比较自由，但是国内非常严格，普通人没有发布藏品的权限，价格也受限。

（4）交易方式：主要是指国外有完全开放的二级市场，而国内没有放开二级交易。这就导致市场流动性差异非常大，因为海外有 80% 的交易都是二级交易。整体来看，海外 NFT 产品的供给非常丰富，处于买方市场。而国内 PGC 内容有限，基本上都是限量发行，不开放二级市场，呈现出供不应求的状态。

3.2.3 领域的创新性与多元化差异大

海外市场比较自由，区块链衍生出的应用生态非常丰富，而且可以跨应用、跨链去运作，比如在不同的游戏场景、社交场景中去展示。海外也出现了比较火的、新的 NFT 项目：

（1）Mirror（走的路线有点类似于小红书、知乎的内容平台，小众化路线）。

（2）GMT STEPN 项目，是与户外健身相结合的一个游戏项目，是反向影响物理世界的典型案例。

国内的数字藏品主要还是聚焦于文创、IP 领域，或者是版权保护方面。虽然领域目前来看比较局限，但是很多潜力还没有开发出来，比如现在有很多影视综艺 IP 都还没做。比如 2021 年王家卫导演将《花样年华》一个未公开的电影拍摄片段，做成了 NFT，以 428.4 万港元（约377万元人民币）拍卖成交。

总结来看，海外的发展路线越来越创新和多元化，但国内目前还有开拓的空间（表3-1）。

表3-1 海内外NFT发展路径的差异化比较

内　容	国　外	国　内
区块链平台	公链：完全去中心化，交易比较自由	联盟链：本质上中心化，或者半中心化
产品定位	NFT：同质化货币，具备金融货币属性	数字藏品：强调艺术价值、收藏价值
发行方式	发行方式与交易的自由度非常高，创作者非常活跃，允许普通用户发行NFT	主要与博物馆、文创机构合作，或者以签约艺术家的方式发行
定价方式	定价权在用户自己手上，可以设置分成模式、比例等，价格差异非常大	定价权掌握在平台或机构手中，而且价格普遍很低，整体价格浮动不大
交易方式	有完全开放的二级市场	没有放开二级交易市场
适用领域	海外市场比较自由，区块链衍生出的应用生态非常丰富，可以跨应用、跨链去玩，比如在不同的游戏场景、社交场景中去展示	国内的数字藏品主要聚焦于文创、IP领域，或者是版权保护方面，目前来看比较局限

3.3 NFT业态种类和结构

通常情况下，NFT代表虚拟艺术，一般分为以下几种类型。

3.3.1 艺术品

目前，艺术品是最受欢迎的一类NFT。每一个数字艺术品都有代表自己真实性和所有权的证书，而这些证书就是由存储它们的数字分类账簿所颁发的。截至目前，售价最贵的NFT数字艺术品是艺家 Beeple 于 2021 年 3 月在佳士得拍卖会上售出的 *Everydays. The First 5000 Days*，当时的拍卖价格高达 6930 万美元。

3.3.2 收藏品

收藏品是第一个 NFT 种类。它们的灵感来自一些实体收藏品，比如宝可梦（Pokemon）卡片或是一些老式玩具等，只不过采用的都是数字形式。其实许多人并不清楚，Curio Cards 是有史以来推出的第一个大型 NFT 收藏品，在这之后推出的其他收藏品，如 Bored Ape Yacht Club、Cryptopunks、Cat Colony、Meebits 等如今都已火遍全球，成为收藏家们追捧的对象。其中，Bored Ape Yacht Club 是目前为止最有价值的数字收藏品。

3.3.3 体育类藏品

体育类藏品是当下最热门的 NFT 类别之一，其中最著名的 NFT 藏品为 NBA Top Shot。这类 NFT 通常是一段精彩的体育竞技瞬间的视频剪辑，而这其中最有名的一段剪辑就是湖人队球员勒布朗·詹姆斯（LeBron James）的扣篮视频——Throwdowns 系列，目前它的售价已超过 38 万美元，是有史以来最昂贵的体育收藏品之一。

3.3.4 数字资产类游戏

在这类基于 NFT 的数字游戏中，玩家可以通过参与游戏而获得加密货币、数字资产或是其他 NFT 的奖励。该领域出现的第一个 NFT 数字资产类游戏是 Axie Infinity，之后又涌现出了大批类似的游戏如 CryptoKitties、Gods Unchained、Sorare 等，并逐渐在玩家中流行。

3.3.5 虚拟土地

虚拟土地包括数字类游戏和元宇宙中的土地。别看这类资产看起来很鸡肋，没有什么实用价值，但潜力巨大。这些虚拟土地可以被用来在数字类游戏中投放广告、创建虚拟资产等。

3.3.6 Meme

几年前，人们可能还无法想象 Meme（模因，一个网络流行语）也有附加的经济价值。然而就在这波 NFT 浪潮中，Meme 成为一种非常有价值的数字资产。最早的 Doge Meme 诞生于 2021 年 6 月，当时的售价为 400 万美元。除此之外，Disaster Girl、Bad Luck Brian、Success Kid、NyanCat 等一批 Meme 的估值也很高，售出的价格堪称天价，其中名为"Disaster Girl"的 Meme 售价就超过了 47 万美元。这些 Meme 的创作者也因此变得富有起来，Meme 市场变成了一个利润丰厚的市场。

3.3.7 域名

这些在币安智能链或是以太坊等区块链上铸造的加密域名总共有 500 多个域名后缀，其中最受欢迎的是".eth"。加密域名不依赖于任何一个中心化集权，是一种人人都向往的资产。此外，它们还可以链接到加密钱包。不过，加密域名最大的缺点就是大多数浏览器目前都不支持它们。

3.3.8 音乐

音乐算是 NFT 热潮中的新兴领域。通常情况下，艺人会先在 NFT 市场上预发行自己的专辑，然后再到传统流媒体平台上进行发布。买家可以在预发行阶段先购买专辑的一部分 NFT，类似入股的形式，然后当专辑通过传统渠道发布时，买家就能分享到专辑带来的收益。虽然这种商业模式目前还未成为所有音乐 NFT 的交易方式，但已经有相当多的交易开始遵循这种模式。例如，2021 年 3 月，美国摇滚乐队莱昂国王（Kings of Leon）的专辑《当你看到自己时》（When You See Yourself）就以类似的方式将自己的专辑拆分成了多个 NFT 进行销售。

3.3.9 票务

NFT 的出现给日常交易方式带来了各种创新，当然也不会落下票务领域。现在，利用区块链平台可以铸造各类活动的门票，之后再由组织者进行拍卖，当然也可以以一口价的形式出售。可以肯定的是，NFT 形式的门票出售方式可以显著减少门票伪造行为并且能让买家产生一种购买收藏品的感觉（因为这些门票也可以当作收藏品来保存和转售）。

3.3.10 现实世界资产

读到这里，您可能很想知道 NFT 是否仅仅只与数字和虚拟资产挂钩？答案是否定的，NFT 也有与现实世界中资产相关联的应用。现实世界资产 NFT（rwANFT）就是一种代币，代表了相应实物在虚拟世界的所有权。如同数字 NFT 一样，rwANFT 代币不仅证明了物品的所有权，而且具备了保修、保险、可执行性等方面的法律效应。由于代币不能被伪造，并且数字分类账簿是透明化且防欺诈的，因此 rwANFT 相当于额外有了一个安全层。

3.3.11 时尚商品

这似乎听起来很疯狂，一般人很难理解时尚居然也能虚拟化。然而令人意想不到的是，时尚 NFT 不仅非常真实而且市值也非常可观。时尚 NFT 通常包括为数字形象和视频游戏角色定制的服装和配饰。不仅如此，奢侈品品牌路易威登和博柏利也推出了一系列时尚 NFT，包括为数字形象打造的衣服及运动鞋。

3.3.12 身份

不得不承认，NFT 已经获得了现实世界的巨大关注，这得益于它的不可替代性以及数字分类账簿的透明性这些特点。身份类 NFT 在现实世界中的一个实际应用就是为个人提供身份证明，而自我主权身份和桥接协议又是在个人身份识别领域中的一些例子。

3.3.13 其他在线项目

此类别包括了前面 12 种类别未涵盖到的所有内容，包括推文、博客、Instagram 帖子等。换句话说，任何能在数字分类账簿上铸造且具有不可替代性的东西都属于这一类。例如，推特前首席执行官杰克·多尔西（Jack Dorsey）的第一条推文就售出了 290 万美元（约 2000 万元人民币）的价格。

2021年是元宇宙元年，作为元宇宙经济的基石，NFT也随之火爆。目前，NFT的主要形式有头像、游戏、音乐等。

3.4 国内政策走向

目前来看，国内市场的管理规范在持续加强。

2022年2月24日，最高法针对非法集资刑事案件的司法解释，增加了虚拟币交易等新型非法吸收资金的行为方式。这涉及了严格的资金追溯问题，追溯性变强。3月下旬，蚂蚁集团和腾讯均收紧了对数字藏品的规定，下架了多个数字藏品平台，并关闭了多家数字藏品平台公众号，这背后的主要原因是互联网头部公司的政策敏感性。蚂蚁、微信下架一些公众号、小程序的原因，主要是怕交易平台通过数字藏品实现一些不可控的资金转移。像这两个大平台，本身体量大、流量大，主管人应担心这样大规模的交易引起法律合规问题和税务问题。

2022年4月13日，中国互联网金融协会、中国银行业协会、中国证券业协会联名又发布了一个倡议，是《关于防范NFT相关金融风险的倡议》，指出要坚决遏制NFT金融化证券化倾向，还强调未来的方向还是赋能实体经济，不会发挥金融属性。

2011—2012年国家曾对不规范的交易市场做过清理整顿。若涉及二次交易，交易市场需要遵循国发〔2011〕38号文《国务院关于清理整顿各类交易所切实防范金融风险的决定》和国办发〔2012〕37号文《国务院办公厅关于清理整顿各类交易所的实施意见》。

NFT如果被认定为金融产品，必须有相对应的交易所交易，必须持有相关金融牌照，在这基础上 NFT 产品的持有人不能超过 200 人，T+5 交易，且不得做标准化合约交易。

具体相关政策文件如表 3-2 所示：

表 3-2　NFT 相关政策文件汇总

时　间	发布机关	文件名称
2022 年 1 月	国务院	《"十四五"数字经济发展规划的通知》
2022 年 5 月	中共中央办公厅、国务院办公厅	《关于推进实施国家文化数字化战略的意见》
2021 年 9 月	最高人民检察院、工信部、公安部、市场监管总局等	《关于进一步防范和处置虚拟货币交易炒作风险的通知》
2021 年 9 月	国家发展改革委、中央宣传部、中央网信办工业和信息化部、税务总局	《关于整治虚拟货币"挖矿"活动的通知》
2017 年 9 月	中国人民银行、中央网信办、工信部等	《关于防范代币发行融资风险的公告》
2013 年 12 月	中国人民银行、工信部、中国银行业监督管理委员会等	《关于防范比特币风险的通知》
2011 年 11 月	国务院	《国务院关于清理整顿各类交易场所切实防范金融风险的决定》
2022 年 7 月	上海市人民政府	《上海市数字经济发展"十四五"规划》
2022 年 5 月	福建省清理整顿各类交易场所工作小组	福建省《关于防范 NFT 违规风险的提示函》

3.5　NFT市场发展前景

不管是海外、还是国内的 NFT 市场，都处于早期摸索的阶段。一般来说，一个行业在早期阶段会经历一个波动上行的状态。根据 NFT 数据公司 Non Fungible 数据显示，2022 年第一季度全球 NFT 的交易总额环比上升 13.25%。不过，2022 年第一季度较 2021 年第四季度整体偏弱。其中交易量环比下降 4.60%，销售数量环比下降 49.96%，买家数量、卖家数量分别环比下降 30.91% 和 15.61%，活跃钱包数量下降 25.34%。这表明 NFT 市场的总价值仍在上升，同时，在经历了爆发式增长之后，市场也正在经历一个"去伪存真"的过程。

目前国内外的市场都存在着一定的问题。比如同质化的问题，一些早期的项目，加密猫、无聊猿的玩法其实差不多，这也导致一些人不理解 NFT 真正的价值所在。另外就是政策不完善不明朗，NFT 运用了区块链底层技术，虽然从中央到地方都对区块链积极部署，但对 NFT 本身并未做出说明。此外，除了虚拟货币炒作和洗钱的风险之外，公链上也存在内容侵权的问题，可能存在同一个 NFT 在不同的公链上发布，也因为对发行人的资质要求低，会造成侵权。NFT 带来的金融风险、洗钱风险、知识产权侵权、内幕交易以及虚拟财产确权等问题均需要法律的进一步厘定。市场上，NFT 的火爆与区块链、元宇宙的概念相关，NFT 也被质疑与虚拟货币存在共性，再加上明星入场的个人信誉背书，NFT 的价格呈现大起大落的客观事实。市场的大幅波动和明显的炒作现象使得外界对 NFT 充满疑虑。

3.5.1 短期内发展趋势

短期内，市场可能将阶段性地小幅降温，将有一个优胜劣汰的过程，一些不好的商业模式的产品、平台将被逐步淘汰，而那些运营比较好的平台和产品会在下一个周期凸显出来。

那现阶段怎么去筛选标的？我们认为要去选择独占鳌头的精品化

赛道，比如游戏、影视综、社交、音乐等细分板块；要么是一种特优化赛道，能够深耕某一领域，要么是综合实力比较强的，就是指大厂平台，有流量优势。总之，要在资本、品牌、IP等方面有一项足够好，会活得比较长久。

3.5.2 长期发展的关注点

长期来看，从以下几个角度关注国内的一些变化。

第一，政策方面，目前这个赛道无论是国内还是国外市场，都存在不规范的问题，比如，禁止洗钱。政府一方面积极支持区块链技术的创新与应用，另一方面也逐步加强对市场的监管，且政策的细化也是一个长期的过程。在《全国人大常委会2020年度立法工作计划》中，提出要"重视对人工智能、区块链等新技术相关领域的法律问题研究"。政策有收紧的趋势，目前国内的数字藏品市场泥沙混杂，100多家平台良莠不齐。有一部分在打擦边球，比如仍然允许二级交易的，随后如果政策趋严，一些不规范的平台可能会被率先整治。

第二，国内技术层面，目前国内区块链方面的技术储备和人才储备仍处于不足的状态。根据工信部人才交流中心的数据报告显示：截至2020年，在区块链产业人才中，研究生及以上人才占比22.16%，且博士占比低于1%，这说明当前区块链产业人才以使用技术开发和行业应用探索为主，具备基础理论研究和核心技术攻关能力的人才较少。从整体来看，区块链产业人才严重供给不足，行业供需差异较大。如制药行业，人才供给方面占比仅为0.09%，而人才需求方面占比达到了47.09%

第三，多元化、文化发展的角度，目前NFT的文化属性比较重，不管是中国传统文化出海,还是在各行各业的应用都有很大的机会,许多流行文化正在逐步过渡到加密世界,有助于成倍地提高 NFT 在游戏、娱乐、时尚等行业的突出地位。尤其是元宇宙,在现实世界中,经济运行机制是配置资源、实现价值的各要素相互作用的机理。元宇宙作为现实世界的映射,NFT 是构建元宇宙虚拟经济运行机制的关键。NFT 与虚拟数字是两种独立的业态,代表数字文化的两种创新与应用,是元宇宙在中国优先落地的应用方向,值得重点关注。

和许多新兴事物一样,NFT 自诞生起就争议不断,但 NFT 产业独特的发展潜力使其在世界范围内全面铺开已经成为趋势。对于 NFT 市场,需要秉持一种客观冷静的态度,不要追高、避免炒作。政府、行业和其他三方的共同维护才会使整个行业行稳致远。

第4章 元宇宙法律基础设施

4.1 NFT的属性

4.1.1 NFT的经济属性

4.1.1.1 NFT 的经济属性，本质上是一种财产属性

NFT 成为一种"财产"，经历了生产（也有人称为铸造）、分配、交换和消费 4 个步骤和阶段，这是按照传统经济学的一个观点来定义的。

但是，NFT 在传统的经济学理论上又有所突破，因为它主要表现为虚拟财产。这些虚拟财产具有一定的经济价值，用户可以在元宇宙中相互交换、交易或赠送特定的虚拟财产从而产生了流通价值。因此，在流通的背景下，形成了法律上的权益，这个过程被称为元宇宙中的法益流动。

例如，某互联网头部公司在 NFT 平台上发行了一个北京冬奥会短道速滑的徽章（图 4-1），这个产品在很短的时间之内就售罄了，而且是几秒钟一抢而空，那么这个产品是有什么价值吗？它的价值在于全国上下对于这种体育项目的热衷度，是国民奥林匹克精神的一种

集中爆发，体现了中国体育健儿在奥运赛场上挥洒自如，为中国队加油的这种精神。它的价值就体现在这种特殊的含义上。

图 4-1　北京冬奥会短道速滑的徽章 NFT 产品
图片来源：阿里巴巴奥运徽章数字藏品——天猫数字藏品。

又例如，某平台上发布的《壶口观瀑》小视频，它是关山月的一幅画作，通过将这幅画以一种有形、有声音，甚至是加入黄河的气味制作成 NFT 在平台上发布（图 4-2）。人们足不出户，就可以在平台上观赏壶口瀑布，让顾客从视觉、听觉和嗅觉上得到全方位的旅游体验，人们只需要花 18 元钱就能够身临其境地感受到气势磅礴的壶口瀑布，享受心旷神怡的体验，由此就产生了这个作品的经济属性，从而使得产品具有了经济价值。

4.1.1.2　元宇宙 NFT 的经济属性结构

NFT 有三大属性，时空拓展性和人机融生性属于技术层面的属

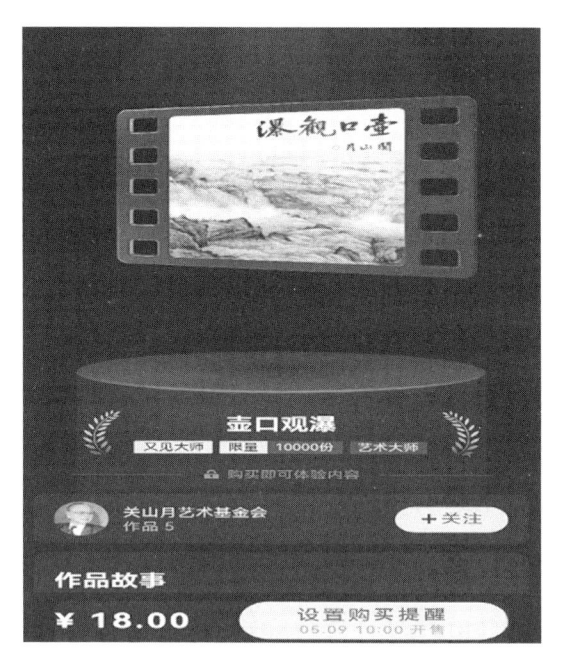

图 4-2 《壶口观瀑》NFT 产品

图片来源：鲸探数字藏品平台。

性，本书主要从法律的层面来看元宇宙的经济属性，也可以称为经济增值性。第一，虚拟人，这是整个 NFT 的一种高级形态，它将虚拟的房地产、艺术藏品、数字劳动、社交互动等，通过人机互动结合起来，产生了虚拟财产的使用价值；第二，在虚拟财产的基础上进行产品交换，从而产生传播、变现和资本价值等；第三，达到虚实共生的增值，实现元宇宙与现实产业相融合，这是元宇宙产业的理想状态。我们目前的发展还不够健全，交易过程高度依赖于数字货币的等价交换，以及在虚拟和现实产业的融合上，仍然存在着虚实共生的争执。

4.1.1.3　共识机制下 NFT 的价值

按照马克思政治经济学的观点，"价值"是无差别的人类劳动凝结，即产品价值。具有不同使用价值的商品之所以能按一定比例相交换，如：1辆轿车换20匹马，一匹马换20只羊，是因为它们之间存在着某种共同的、可以比较的一般等价物。这种共同的、可以比较的一般等价物在商品交换中充当了物的媒介，媒介具有货币属性，商品的使用价值、媒介、一般等价物的货币属性、物的交换，构成商品的自然流通，这个过程最后就形成了市场。所以，无差别的人类抽象劳动凝结在商品中并在市场中流动，就形成了交换共识机制。

共识机制下的NFT价值表明：

（1）NFT产品必须具有使用价值：具有使用价值是价值存在的物质承担者。

（2）NFT是抽象劳动的凝结：NFT是智慧产品，具体劳动和自然物质相结合创造出的商品，抽象劳动凝结在商品中才有价值。

（3）NFT价值是看不见的：它只有在商品交换中，通过一种商品与另一种商品的相互对等、相互交换的关系才能表现出来；物是交换价值的内容，交换价值是价值的表现形式。

（4）NFT具有社会属性：NFT具有社会属性，它在商品交换和商品流动中产生价值，由此产生复杂劳动的社会关系。当某一种物的价值从简单地满足人们生产、生活，转变为满足人们"精神享受"的价值时，它的价值一般会翻好几倍。例如：我们过去用马匹从事运输，或者是作为劳动生产资料。现在，我们开始将马术作为一种爱好，骑马成为人们游玩和享受生活的一种精神消遣方式，这样的交换价值一般远远高于运输或者生产资料的成本。在区块链中，人们认可某一种虚拟资产所具有的特殊商品价值，那么在这种共识上形成的产品交换，就构成了区块链上物权或智慧权交易的共识机制。比如：

Crypto Punks 系列的 NFT 头像。

4.1.1.4　NFT 的交换价值

人们在元宇宙下达成共识，可以用来在区块链上进行的 NFT 产品交换，至少要具备以下几个属性：价值属性、商品属性、收藏属性、其他精神享受。其中每个属性都是层层递进的，越是到后面，越是倾向于高价格的稀缺的 NFT 产品。

所以，NFT 产品的限量版就是一个很好的商业模式。关于 NFT 的交换，铸造完成后的 NFT，表现为"数字通证"，具体体现为"公钥"和"私钥"这对数据参数。公钥永久公开体现于 NFT 历史记录，包含权属、价值、交易记录等基本信息，是每一个 NFT 价值确定性和物权特定性的基础，能够印证其来源、真实性和市场价值；私钥则由持有者个人掌握和控制，是 NFT 持有者所持有的权属证明，同时，NFT 所有者通过私钥实现对 NFT 权属变动的绝对控制。当 NFT 交易发生时，新的交易合约和交易记录也继续被写入区块链，成为区块链上不可篡改信息的一部分，同时，购买者将收到系统分配的新的私钥，成为 NFT 新的持有者。

4.1.2　NFT的法律属性

4.1.2.1　NFT 的三个属性

目前主流观点主要有如下三类：

（1）物权属性：如果是实体艺术品，当你购买后就对其拥有了物权；而如果是数字艺术品，当你购买或者铸造（Mint）出来后，你对其并不会拥有物权。

（2）知识产权与智慧权[①]：目前我国法律上并没有"智慧权"这一概念，但是笔者认为，知识产权在国内应用范围较狭窄，法益有限，知识产权的保护可能在交易中通过秘钥解决，智慧权基于人脑科学则无穷大。现有的"知识产权"的范畴已经不足以完整地界定 NFT 项下的权利，所以此处采用一种更广义的"智慧权"来表达更合适。

那么，既然是无形财产，购买后是否对其拥有知识产权呢？这里首先要区分 NFT 本身和 NFT 指向内容，NFT 本身就是那个通证，它只是一串数据或者代码；NFT 指向内容就是那串数据记录的内容，它可以是音乐、房产、某张图片或者其他任何东西。尽管可以用该通证看到作品信息、缩略图以及交易的哈希，但通证本身不包含智力创造。

（3）数字资产：自从 2020 年 5 月 28 日以来，《民法典》把数字资产列入法案，数字资产正式进入大众的法律视野，从而有了法律上的依据。NFT 产品是否属于数字资产？目前社会能够接受的主流观点表现为一张通证，是数字资产的一种形态。

4.1.2.2 NFT 项下的物权与智慧权之争

（1）物权：有人认为，我国物权体系下的所有权包括对权利客体排他性的占有、使用、收益与处分，一般权利客体即是具有排他性与竞争性的各类动产与不动产。而 NFT 通过区块链技术手段令数据文件具有了事实上的排他性，并有效解决了数据文件易于篡改、难以特定等问题。NFT 持有人对其 NFT 所享有的权利包括排他性占有、访

---

① 公众号"金融风险仲裁与调解"-https://mp.weixin.qq.com/s/-ZEpQTyv93l-XmTO9M1d_Xw。

问、控制、使用、收益与处分等，性质上与物权保护体系下的所有权更为接近，而与传统的债权、知识产权等则存在较大差异。

但我们认为，NFT 已经突破了传统物权项下占有、使用收益和处分的权利。如：在不需要占有的情况下访问欣赏或者密钥的借用？当这种没有排他性的权利存在时，我们应当如何界定？这是一个法律上存在争议的问题。

（2）智慧权[1]：目前，已经有人将故宫博物院的镇馆之宝"千里江山图"制作成 NFT，并在平台上销售或者观赏。值得注意的是，若是将这种以公共领域的公共产品以 NFT 的形式发布到平台上，并且以盈利为目的进行销售或流转，是存在涉嫌法律侵权问题的，目前有关机构还没有注意到这个问题。

那么，获得了 NFT，是否就一定获得了相应的智慧权（知识产权）呢？笔者认为，应当根据具体问题具体分析。在法益交易中，一方面，在于合同对于具体权利的约定；另一方面，则依赖于技术条件是否支持。

理论上，随着技术的发展，在技术可支持的条件下，合同可以约定特定的技术方式，从而让 NFT 所指向作品的知识产权被包含在交易对象中，如利用智能合约可编程可设计的特性实现知识产权的交易，比如通过技术手段限定播放时间、播放方式、播放环境甚至播放对象等，实现具有非物质性的知识产权在交易后能够被特定主体有效控制，这就间接地在区块链上实现了智慧权的权利保护。

---

[1] 公众号"金融风险仲裁与调解"https://mp.weixin.qq.com/s/-ZEpQTyv93l-XmTO9M1d_Xw.

4.2 元宇宙八项基础制度

元宇宙八项基础制度如图 4-3 所示。

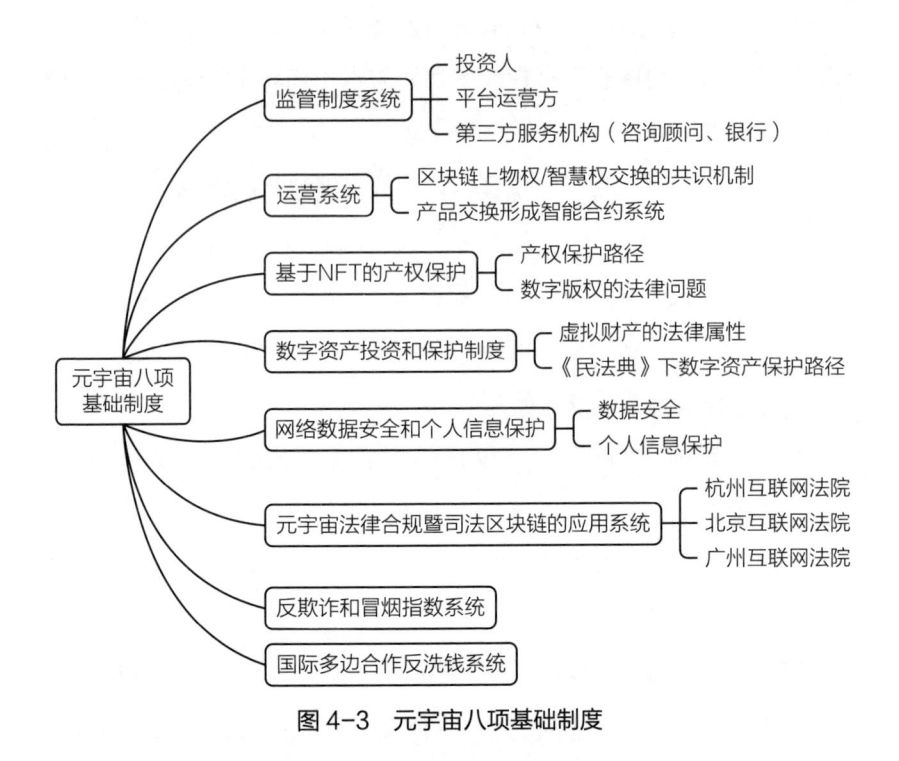

```
元宇宙八项基础制度
├── 监管制度系统
│   ├── 投资人
│   ├── 平台运营方
│   └── 第三方服务机构（咨询顾问、银行）
├── 运营系统
│   ├── 区块链上物权/智慧权交换的共识机制
│   └── 产品交换形成智能合约系统
├── 基于NFT的产权保护
│   ├── 产权保护路径
│   └── 数字版权的法律问题
├── 数字资产投资和保护制度
│   ├── 虚拟财产的法律属性
│   └── 《民法典》下数字资产保护路径
├── 网络数据安全和个人信息保护
│   ├── 数据安全
│   └── 个人信息保护
├── 元宇宙法律合规暨司法区块链的应用系统
│   ├── 杭州互联网法院
│   ├── 北京互联网法院
│   └── 广州互联网法院
├── 反欺诈和冒烟指数系统
└── 国际多边合作反洗钱系统
```

图 4-3　元宇宙八项基础制度

4.2.1　监管制度系统

虚拟与真实世界的二元性为监管增加了难度，过度监管是对元宇宙基本内核及市场发展规律的破坏，缺乏监管则会导致其野蛮生长，问题愈演愈烈。现有监管体系亟须为应对元宇宙做出适当因应，加快元宇宙监管制度体系化建设。

4.2.1.1 示范投资人准入和退出规则

元宇宙产业的背后是雄厚的资本和强大的科学技术支撑。在稳健推进元宇宙产业发展的同时，也应当避免疯狂追捧和宣传元宇宙，让人盲目地崇拜、追时髦。

通过创造新概念、炒作新风口、吸引新投资进一步谋取高回报，已成为资本逐利的惯性操作。从拉升股价到减持嫌疑，从概念炒作到资本操纵，从市场追捧到监管介入，雏形期的元宇宙仍存在诸多不确定性，产业和市场都亟须回归理性。

资本的投入固然重要，但是当资本走在科学前面，往往会形成泡沫和骗局，我们建议元宇宙平台的实际控制人以及股东应当有严格的准入和退出机制，合理限制和监管股东及实际控制人减持计划，防止其利用元宇宙概念炒作后，套现离场，侵害其他投资人和消费者权益的现象发生。

4.2.1.2 平台运营方准入要求

为保障进入市场数字藏品发行平台基本的持续运营能力，主体企业应当具备适合展开该业务的基本条件，包括对企业成立时间、资本规模、员工人数、从业资格等设置要求，参考条件建议如下。

（1）成立时间：企业成立时间应当在1年以上。

（2）注册资金：注册资金在一定数额以上并完成实缴。

（3）员工人数：企业在知识产权、技术、安全、运营等有专人专岗配置，参保员工不少于特定人数。

（4）从业资格：关键专业岗位人员具备职业资格。

4.2.1.3 强化第三方服务机构监管

未来在资本加码和政府主导的双向驱动下，更多的主体将参与建设，共同推动监管科技生态圈加速构建。行业协会、高校等机构也将更多地介入监管科技生态圈，政产学研共同发力，协同创新，助力监管科技走向纵深。监管科技的落地实施是一项系统工程，涉及金融业务、公共管理、信息技术等多个领域，需要各领域业务专家和技术专家经验的输入和指导。例如，金信网银公司的冒烟指数、律师事务所、会计师事务所、银行、证券/债券登记系统等机构和组织，从公司设立、运营、产品制作、发行、交易、结算等全方位地参与到合规与监管中去。未来将通过深化监管科技生态圈各主体协同合作，聚焦监管科技应用重点和难点，积极探索开展多形式、多层次监管科技合作与示范项目，进一步完善监管科技应用场景，共同推进我国监管科技的健康可持续发展。

4.2.2 运营系统

在元宇宙运营系统方面主要在三个方面予以不同管理。

4.2.2.1 创作者权益管理系统

数字藏品的核心价值之一是为创作者提供创作权益回报的持续性，数字藏品平台对创作者应当提供合作机制和技术保障。合作机制：对创造者在平台的注册或登记及作品创建的管理制度；技术保障：基于智能合约作品在后续交易流转中对创作者的权益保障。

4.2.2.2 交易风险管理系统

数字藏品具有文化消费商品的属性，后续可以允许探索合法、合规的正常交易流转，但应当对数字藏品作为 NFT 的交易模式和金融风险防范提供说明。具体包括：交易模式管理：对 NFT 交易平台设立资格、挂牌要求、交易方式、定价方式，藏品流转平台流程和链上流程等制定管理细则。金融风险防范：未来对 NFT 交易平台的集中交易、持续挂牌交易、合约交易等违规金融行为需制定防范措施，包括设立风险准备金制度。

4.2.2.3 联盟链管理系统

鼓励区块链运营机构对数字藏品在资产数字化、资产确权等方面提供技术和安全保障，但应当在代码管理、节点管理、版权保护、金融安全防范、业务数据存储上有完整的保障机制。

4.2.3 产权保护

NFT 并不完全等同数字藏品，NFT 也可以表示数字藏品的其他权限，比如收益权等。目前的 NFT 主要是表示数字藏品拥有权，在实际应用中可以细分出更多权限，比如租让展示权、二次创作权等。相关权益如何划分和保护，是元宇宙产权保护的重要问题。

4.2.3.1 促进数字版权利益的合理分配

数字作品极大地推动了数字平台经济的发展，但也造成了数字平台权利的扩张，可能形成平台垄断。数字平台拥有"分配"数字作品收益的权利，作者制作、发布数字作品产生的利益绝大部分归平台所有，信息传播载体的去中心化不能改变作者处于"弱势群体"的境况，比如孤儿作品、时事新闻等给数字平台带来了巨大经济利益，而创作者却收益甚少。在元宇宙虚拟空间中，数字财产能够进行交易、转让，为合理分配数字版权利益奠定了基础，作者能够最大化地支配自己的数字版权，而不用受传统平台集中化的限制。多名作者共同创作一个作品，区块链的时间戳仍然能够清楚地记录每名作者所作出的"贡献"，如作品内容、修改次数等，而后在智能合约的帮助下，元宇宙数字版权的治理：机遇、挑战与应对下给每名作者公平合理地分配版权利益。同时，NFR（非同质化权益）相关技术的提出与使用也能够解决数字版权交易中数字货币合法性、作者不明确等难题，有利于破除元宇宙内数字经济发展的障碍。

4.2.3.2　数字财产的物权/智慧权保护

人们在元宇宙的劳动创作、生产、交易和在实际生活中的劳动创作、生产、交易没有区别。比如，用户在元宇宙中建造的虚拟房子，不受平台限制能够轻松交易，换成元宇宙或者真实宇宙的其他物品，其价格是由市场决定。元宇宙有着和现实世界相似的经济系统，用户的虚拟权益得到保障，元宇宙内的内容是互通的，用户创造的虚拟资产可以脱离平台束缚而流通。

我们认为数字藏品首先是一个虚拟财产，对于虚拟财产的流转一定存在着与传统物权的不同问题。第一，概念问题，目前各界对数字藏品存在不同的认知，从概念上看，是称其为 NFT 还是 NFR，存在着争论。但我们明确的是，无论如何称呼，都需要从多角度来思考，比如：从金融属性来看，数字藏品是一个资产；从法律上来看，数字藏品是一个权证或者权益；从商品上看，数字藏品是一个物或者是知识产权；从物理属性上看，数字藏品是一个哈希密钥或者符号……无论从哪个角度看，概念如何界定？都需要循着法律逻辑在一定权利范围内确权，NFT 的流转在法律上的确权和执行就显得非常重要。

关于 NFT，如果原创作品是一张图片，就会按照物权的原理去流转，如果是一个知识产权，需要对数字藏品进行相关知识产权的界定，若在之后发展过程中物权或知识产权不足以涵盖 NFT 全部范围，可以引用中国台湾学界的一种说法，将数字藏品称为一种智慧，即

"智慧权",这也是我第一次提出这个"智慧权"的概念。在物的基础之上叠加一种智慧,混搭科技的力量,NFT 未来可以给我们更多的期待和想象。

对于数字藏品,不同领域的学者都有不同的观点,但我们最终的目标都是要落实到权利归属上,按照传统知识产权理论,智力成果权能包括身份权与财产权,NFT 有时候身份权和财产权会分离,所以在确权过程中,NFT 的发行规则尤其重要,我们应该将具体的规则确定出来,特别是财产权的划分。财产权利一定要回归至作者本人,这体现着要保护著作权人的根本利益。

4.2.3.3　数字版权的疑难法律问题

除狭义著作权外,邻接权的认定和保护也可能会产生争议。例如,用户在元宇宙中用虚拟形象"表演"作品是否享有表演者权,若有其他用户"录制"了该"表演"并存储在元宇宙中,则该"录制"行为的本质等同于现实世界的录制行为,还是界定为单纯的代码复制?这也将直接决定该用户是否享有"录制者权"。

元宇宙中大量用户生成物的著作权应如何归属,例如 NFT 将图片、视频或者音乐等内容转变为数字资产,其制作、流转以及使用等都有可能引发著作权纠纷;元宇宙中对著作权的限制,即法定许可和合理使用的情形是否增加,例如引入部分现实作品是否构成合理使用;元宇宙中的著作权侵权行为和现实世界的处罚措施和标准是否一致;平台在元宇宙著作权保护中又充当何种角色等,都将是元宇宙发展过程中可能遇到的著作权难题。

笔者认为,以上问题在销售某一项虚拟资产、达成智能合约时,交易平台对此负有信息披露义务,明确说明该产品在购买之后享有哪些权利,且销售者和消费者之间应当就此权利达成一致共识,并载入智能合约中自动执行。

4.2.4 消费者保护

在元宇宙视角下,谈论对消费者权益保护显得更为重要。从宏观政策的指导下,对消费者的保护,首先需要在互联网技术层面上做好保障;同时,无论是消费者角度还是投资者角度,一直存在交易规则不透明的软肋,下面从三个层面分析平台应尽的消费者保护义务。

第一,技术安全保护。技术保护实际上是价值规范向技术标准治理方式的又一体现。从数字安全角度来说,在元宇宙的虚拟空间中以技术的方式进行数据和数字资产的保护是法律治理的必然选择。在技术保护的具体落实上,同样需要采取监管部门、自治组织和平台型企业共同治理的方式进行。具体来说,在技术保护的具体措施应用上,可以由监管部门、自治组织与平台企业共同制定最低的技术保护要求或指南,例如数字加密措施、虚拟与现实的风险隔离安排、隐私计算的采用,等等。当然,技术保护的程度应当与数字安全的风险相匹配,落实回应性治理的要求。

第二,对原创作者的审查义务,要实质审查作品是否存在侵权的可能,未经授权平台不得擅自发行某个数字藏品。

第三,网络购物中有一个"七天无理由退货"的规定,它来源于《中华人民共和国消费者权益保护法》(以下简称《消费者权益保护法》)第二十五条的规定。有些NFT平台推出了"售出概不退货"的店堂告示,"概不退换"的规定其实不符合《消费者权益保护法》的精神的,但NFT产品是否适用"七天无理由退换"也是一个深刻的问题?

例如，腾讯"幻核"在关闭平台的时候有一个规定，说购买者可以无条件退换，可以认定"幻核"严格履行了无限期退货规则的义务。在此我们可以看出，平台的退货规则体现平台的法治精神。

第四，交易平台的信息披露义务，信息披露义务的内容主要包括：披露是否获得权利人的授权、期限、价格等各种信息，这需要行业协会制定一个信息披露一般标准。

关于披露的程度，我们建议应当按照一般社会交易习惯进行披露，例如：是否获得授权、数字藏品的发行量、发行价格、发行方的信息、是否可二次交易／转让、消费者购买后获得权利（著作权许可）等。

第五，数字藏品交易平台退出时的保护。如果数字藏品交易平台关闭，消费者是否还拥有数字藏品呢？建议交易平台对这种情形进行充分的考虑，对其关闭后如何保障消费者能够访问？如何欣赏其数字藏品做出相应的安排？比如，将消费者在该平台的钱包与其他交易平台上的钱包进行共享互通，或者以一定的价格回收已售出的数字藏品等。

4.2.5 数据安全与个人信息安全

以海量数据为基础的元宇宙，在对数据的收集、储存、加工、传输、提供和公开过程中，出现数据风险的可能性将显著提高，网络空间主权、内容安全、道德伦理、隐私和个人信息保护、网络数据安全、知识产权、反垄断、刑事违法犯罪等成为亟待解决的问题。

其一，个人敏感信息的综合采集所带来的隐私和个人信息保护挑战。元宇宙是基于扩展现实技术向用户提供更真实的沉浸式体验，意味着可能需要收集或导入更多的用户可识别信息，比如生物信息，这些个人敏感信息一旦泄露或滥用，将对用户乃至整个元宇宙生态带来极大的隐患和冲击。有人甚至认为，元宇宙中无隐私，元宇宙是隐私荒地（privacywasteland）[1]，元宇宙将加工一些新类型的个人数据，包括面部表情、手势和其他分身在元宇宙交互时产生的反应。为了确保用户数据权利得到保护，关于数据处理的告知同意程序可能需要重新思考[2]。因此，元宇宙场景中所使用的数据存储、处理和保护问题，以及数据被盗或滥用的责任问题，都是值得关注和亟待解决的。

其二，海量数据实时交互处理和加密网络技术的广泛应用冲击了数据安全法规的严格约束。元宇宙可能面临网络安全违规风险，如企业间谍、勒索软件攻击、国际网络战和老式黑客攻击都将转移到元宇宙。元宇宙内不同应用之间、元宇宙和外部设备间的数据交互过程，以及外部设备采集、存储、处理、分发、利用和处置个人行为数据的过程，在技术层面上需要区块链相关的分布式网络、共识机制、智能合约、隐私计算等加以支撑，在法律层面上则需要受到数据安全相关法律法规的严格约束[3]。元宇宙中流通的海量数据以及这些数据的使用方式对用户构成了越来越大的安全风险，犯罪分子可以隐藏在加密及

---

[1] 引自 Edvardas Mikalauskas，Privacyinthe Metaverse：Dead on Arrival? vailableat https://cybernews.com/privacy/privacy-in-the-metaverse-dead-on-arrival/, lastvisitedon Jn. 2u, 2022.

[2] 引自 Jrameel Ke evins，Metaverseasa New Emerging Technology：An Iterron gationof Opportunitiesand Legal Isuess：Some Itrosn pection，SSRN（March 6，2022），availableat https://ssrn.com/abstract=4050898, lastvisitedon May28, 2022.

[3] 参见董月英：《从法律视角看元宇宙发展的六个问题》，载《上海证券报》，2022年2月17日，第8版。

无法追踪的网络技术应用后面从而难以被识别并进行法律追踪，身份盗用、化身复制和滥用的风险为互操作性也带来了相应问题。此外，元宇宙场景下的深度伪造内容（deepfake）带来的"非同意色情"、虚假新闻、名誉破坏、敲诈勒索、虚假证据、恶意商业竞争、负面社会消息、恐怖主义等现象引发对个人和社会两个层面的危机[①]。

目前，现实世界的法律是元宇宙治理的主要规则形式，现有的法律规则，基本都能够适用于元宇宙空间。同时，有必要进一步完善网络数据安全相关配套法规，加快制定多层次的数据安全相关技术标准规范，对元宇宙场景下数据的全生命周期安全可信、数据可携带自主可控、DAO 数据安全、内容治理、数据跨境等方面进行有效的法律规制。

4.2.6 司法区块链

区块链在司法领域也有着广泛的应用。例如，中国的三家互联网法院，北京互联网法院、杭州互联网法院以及广州互联网法院均建立了自己的区块链系统。

4.2.6.1 证据保存及调取

通过"区块链＋智能合约"的应用，实现了网络数据和网络行为的全流程记录、全链路可信、全节点见证、全方位协作。智能合约系统实时记录在司法区块链，实现了交易链路全流程自动存证和执行。

存证方面，在智能合约的执行过程中，一旦一方的违约程度达到了程序预设的标准，智能合约系统自动转入纠纷解决的司法流程，实

---

① 参见华劼：《深度伪造内容著作权侵权问题研究》，载《电子知识产权》，2022 年第 4 期。

现了无人工干预，无外部因素干扰，确保了电子数据全链路可信、全节点见证、全流程记录的可靠性。

在取证方面，当事人在司法区块链的可信执行环境下，打开被控侵权网站，对目标网页内容进行抓取、固定并上传至司法区块链平台进行存储。同时，该电子数据生成、传输、存储过程中已同步生成哈希值，并通过区块链系统备份于司法区块链节点独立拥有的服务器中，且保存的区块哈希值可以进行验证。

4.2.6.2 司法协作

司法区块链通过加密和隐私安全保护技术，业务全程在线，整体留痕，身份认证、签约、履约等关键行为均在区块链上记录并形成完整的证据链条。

4.2.6.3 系统自动执行

司法区块链通过可信身份（多因子人脸识别）、可信时间（国家授时中心时间）、可信环境（可信硬件和网络环境）等技术手段，对网络行为的时间维度、空间维度、属性维度进行记录及执行，形成完整闭环，整个过程可追溯、可审计、可执行、不可篡改。

4.2.7 反欺诈与冒烟指数

4.2.7.1 反欺诈

随着元宇宙概念大热，喧嚣的背后，也有许多以元宇宙为噱头的诈骗行为在滋生。据银保监会网站 2022 年 2 月 18 日消息，处置非法集资部际联席会议办公室发布的《关于防范以元宇宙名义进行非法集资的风险提示》称，近期一些不法分子蹭热点，以"元宇宙投资项目""元宇宙链游"等名目吸收资金，涉嫌非法集资、诈骗等违法犯罪活动。

（1）编造虚假元宇宙投资项目。有的不法分子翻炒与元宇宙相关的游戏制作、人工智能、虚拟现实等概念，编造包装名目众多的高科技投资项目，公开虚假宣传高额收益，借机吸收公众资金，具有非法集资、诈骗等违法行为特征。元宇宙概念喧嚣的背后，鱼龙混杂，也让想要趁乱摸鱼的人蜂拥而入，欺诈用户"割韭菜"。

（2）打着元宇宙区块链游戏旗号诈骗。有的不法分子捆绑元宇宙概念，宣称"边玩游戏边赚钱""投资周期短、收益高"，诱骗参与者通过兑换虚拟币、购买游戏装备等方式投资。此类游戏具有较强迷惑性，存在卷款跑路等风险。

（3）恶意炒作元宇宙房地产圈钱。有的不法分子利用元宇宙热点概念渲染虚拟房地产价格上涨预期，人为营造抢购假象，引诱进场囤积买卖，须警惕此类投机炒作风险。

（4）变相从事元宇宙虚拟币非法牟利。有的不法分子号称所发虚拟币为未来"元宇宙通行货币"，诱导公众购买投资。此类"虚拟货币"往往是不法分子自发的空气币，主要通过操纵价格、设置提现门槛等幕后手段非法获利。

4.2.7.2 冒烟指数

冒烟指数由综合合法性、非法集资特征词、收益率偏高、负面反馈指数、传播力这五个维度构建，通过机器学习对每个维度进行自我赋权。冒烟指数越高，说明越接近非法集资的特征，监管部门就可以及早监测预警，做到"打早打小"。冒烟指数预警云平台建设成功后，实现六项机制：线索发现机制、线索跟踪机制、监测预警机制、协调警示机制、监督控制机制、信息共享机制内容。构建冒烟指数预警云平台需要强大的数据中心。在北京市各部门的协助下，包括互联网、公检法、工商税务以及一切公开的信息，开始汇集到这个大数据监测预警非法集资平台上。

用冒烟指数来衡量元宇宙平台违法行为的危害程度，主要通过收益率偏离度、投诉率、传播虚假性、机构合规度、疑似非法性五个维度进行判断。对冒烟指数超过 60 分的平台，相关部门要列入重点监管。超过 80 分的，政法机关可及时启动打击处置程序。以冒烟指数为核心技术的大数据监测预警系统，可提升并优化互联网金融风险日常监管的手段和效率，为监管机构的决策提供事实依据和数据参考。

4.2.8 国际合作

由于元宇宙区块链的分布式信息储存和记录模式，能够提供更加简化和可靠的信息来源。这为国际贸易合作和犯罪协助、仲裁制度等方面提供了极大的便利。

4.2.8.1 国际反洗钱

区块链上的国际合作机制，可以为加密货币交易所、国际执法机构以及其他客户提供数字货币交易分析软件，成为数字货币与传统银行之间联系的桥梁。帮助他们遵守合规要求，评估风险，并且识别非法活动。将加密货币交易连接到现实世界实体的调查软件，能够有效打击区块链上的犯罪活动。

4.2.8.2 国际仲裁

在国际商事仲裁中运用区块链，对仲裁数据共识签名后上链，形成数据链，提供可追溯的实时数据保全，可以保证数据真实可靠，提高国际商事仲裁的安全性。同时，区块链能防止篡改和隐匿信息，让仲裁员从海量数据的实时认定中解脱出来，缩短仲裁案件的审理时间，提高仲裁效率。

在国际贸易中，会产生大量电子数据，电子证据相较于传统证据而言，易篡改、易消亡，将元宇宙区块链技术运用到国际仲裁的电子证据中，能够保证证据的真实性、关联性、合法性。

国际商事仲裁的执行，一般必须依靠当地法院协作执行，而区块链的智能合约是由事件驱动的，能够根据预设条件自动执行资产。智能合约的最大优势在于可以利用程序算法替代认为执行合同，在效率、成本和公开透明的层面上比传统合约的执行及纠纷解决更具有优势。

4.2.8.3　国际反欺诈

国际虚拟货币交易具有匿名性和跨国性，无须经过金融机构即可完成跨国转移，难以追溯资金去向。一些诈骗团伙在境外自行搭建了一个虚拟货币交易所用来诈骗。当受害人将钱转入币商手中后，币商会将相应的虚拟货币转入诈骗团伙指定的钱包地址，而受害人看到的平台内涨跌只是诈骗团伙操作下的假象。完成了从钱到币、从国内资金到国外虚拟货币的转换后，他们会采用带单爆仓、重复交易（需支付高额手续费）、关闭平台3种方式，使受害人误以为自己投资失败。

面对巨量区块链数据及链上错综复杂的关系，抽丝剥茧确定嫌疑人并固定证据是关键。区块链上的数据便于有关部门进行情报分析、安全攻防对抗及风控策略研究，助力国际反欺诈的防范。

4.2.8.4　国际金融

区块链技术能够简化融资流程，使贸易金融不再需中介机构承担风险或执行合同；能够做到流程可追踪，分布式账本提供的标题和提单列示货物位置和所有权，这些都为贸易融资提供了许多便捷。通过为贸易融资提供交易状态实时、准确的视图，极大地方便了银行等金融机构对基于贸易链条的应收、应付账款或库存进行融资产品的推动，降低获取原始信息的人工管理成本。贸易背景项下的单据流、货物流和资金流可以实现实时更新，使得贸易金融生态系统更稳定更可靠，极大地提高了贸易融资的透明度。

香港金管局、汇丰银行、中国银行、东亚银行、恒生银行和渣打银行及德勤共同发起了区块链贸易融资平台，涉及业务包括借贷、信用证、保理、出口信贷和保险等。通过区块链技术平台，可以实现数据等相关流程的统一，增加流程效率、透明性和安全性，有效降低欺诈风险。

4.2.8.5 跨国犯罪协助

区块链技术有利于建立跨国犯罪协助的互信机制，及时查处犯罪。利用区块链独特的优势和特性，可有效解决国际犯罪协助过程中共享数据过程中的难点，逐步联通各国数据网络建立可信的高效安全价值网络。在打击犯罪上，区块链技术作为全球范围内的数据账本可以瞬间实现证据的提取和使用，降低跨国执法成本，提高跨国执法效率。

4.3 NFT的发行及交易模式

作品创作者自己或者委托第三方制作者，将智慧和创意制作为NFT，授权给NFT发行方发行，并在NFT交易平台上进行出售和资金结算（图4-4）。目前看来，交易平台有的是双版平台，有的是单一版平台。双平台在发行平台的基础上，还开发了二级市场交易平台、展示平台或者国外已有的一些NFT抵押融资服务平台。NFT可以在平台上进行交换、出售或者赠送。

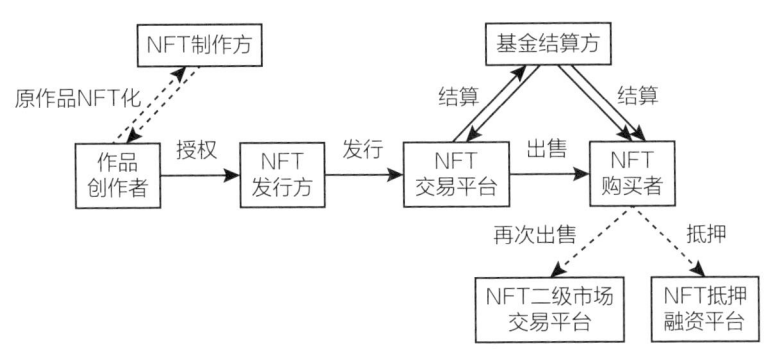

图 4-4　NFT 的发行及交易模式

图片来源：公众号金融风险仲裁与调解。

4.4　NFT的发行主体

目前NFT的发行主体并无任何法律资质要求，简单来说，任何NFT对应作品的所有权人或者有效的被授权人都可以作为发行主体进行NFT的发行。

目前在国内的交易平台中，绝大部分并没有开放面向普通个人的NFT上传接口，主要是采用平台与知名博物馆、艺术家、品牌厂商合作的方式发行。

4.5　NFT的发行方式

从发行方式上，主要有免费发放和收费购买两种类型。

4.5.1 免费发放

对于免费发放，很多头部互联网企业都曾经或者正在试水这种形式。例如 B 站曾在面向其网站的高等级、高活跃度用户免费派发了艺术头像。这种免费发放的模式旨在对企业形象和文化进行宣传的同时，对于核心用户群体予以一定的精神奖励，拉近企业与用户之间的距离。

此外，有的平台通过有奖销售的方式，在购买特定商品时将 NFT 作为奖品或者赠品的方式赠送。例如，腾讯幻核平台上发行的鹤禧觉色数字洞箫，就是只能以购买相应口红产品的方式免费获得。

4.5.2 收费购买

收费购买方式即用户为了获得 NFT，需要支付一定的资金对价。此种方式下，虽然用户都获得了 NFT，但按照用户获得的针对作品的使用权权益的不同，可以分为个人收藏性质的 NFT 产品和商业授权性质的 NFT 产品。

个人收藏性质的 NFT 产品只允许用户以学习、研究、欣赏、收藏的目的使用 NFT 及其对应的作品，不得用于任何商业、营利性的用途，通常价格比较便宜，在 200 元以内。

商业授权性质的 NFT 产品则在用户购买 NFT 产品的同时，由发行方向购买者授予一个可以用于商业目的的独占或者非独占的授权，通常价格较高，一般都在 1000 元以上，为了明确授权范围和对应的权利义务关系，发行方与购买者一般会另行签署一份授权合同。

4.6 智能合约

4.6.1 "智能合约"是NFT交易核心

NFT 由代表数字资产或非数字资产内容的数据——"智能合约"铸造（mint）而成。"智能合约"是 NFT 交易的核心，也是 NFT 的本质。智能合约体现在 NFT 的物权 @ 智慧权确认、确认 NFT 的权属并能够自动管理后续交易，形成良好的交易秩序。例如：使创建者可以在 NFT 的每一次交易中自动收取版税。智能合约数据写入区块链后，自动生成依托于区块链的具有财产的专有属性且唯一、不可篡改的哈希秘钥。

4.6.2 链上智能合同体系的搭建[1]

链上智能合同体系的搭建是元宇宙难度最大的一项工作，专业性涉及科技、法学、金融学、知识产权（版权）混搭的结构。

4.6.2.1 学科交叉混搭合约自动执行

基于智能合约可以自动执行合同双方的意思表示。相比较传统合同，智能合约能更好地保证合同义务的履行。然而这是否意味着智能合约就可以完全替代传统合同，是否就完全没有风险了呢？显然不是。

4.6.2.2 智能合约的风险是什么

智能合约的本质是计算机代码，当代码出现安全漏洞时，无疑会

---

[1] 公众号"金融风险仲裁与调解"-https://mp.weixin.qq.com/s/8N1TV9-P_qR-bBoMgog-M7A.

导致风险及损失。而当智能合约出现瑕疵造成损失时，会导致责任主体不明，经营者将面临尴尬境地且可能无法弥补。

4.6.2.3 交易不可逆

在智能合约交易模式下，交易参与方不可反悔，交易结果不可逆，一旦满足交易条件，智能合约便会自动执行，可以说合同的缔结和履行几乎瞬间发生，这样给了交易极大的方便，不足之处是无法更改合同，无法撤销承诺，这与我国《民法典》中在双方达成一致的情况下可对合同进行变更或者撤销的规定有隐约冲突，这对促进交易反而产生了障碍，不过有一个好处，则是利于合同交易的稳定。这是一把双刃剑，交易的智能合约在未来的交易模式还要不断尝试和探索。

4.6.2.4 交易双验证的交易体系

智能合约通过自动执行代码来完成 NFT 交易，似乎是最适合元宇宙交易的一个有效技术手段。但是，当智能合约出现代码漏洞或其他问题时，传统合同的优势就体现出来了。考虑到元宇宙中交易标的物价值不断攀升、金额较大的趋势，一旦出现交易漏洞或者失误，可能会给当事人造成巨大损失。为了避免交易风险，可考虑通过双验证机制解决合同的撤销和变更机制。

此处建议，交易平台可建立一套结合智能合约及传统合同双验证的交易体系。在元宇宙中进行价值重大的资产交易时，在交易页面应该显示相应的交易条款及合同条款，比如权利义务的特殊约定、违约责任的明确、发生纠纷解决机制等，必要时可以建立反悔机制下的交易冷静观察期。

4.7　NFT发行主体的合规要求

NFT发行主体的合规重点在于：NFT底层资产（作品）的知识产权合规。

4.7.1　底层资产（作品）的概念

从现在的NFT市场来看，美术作品、摄影作品、视听作品、音乐等都是常见的NFT作品类型。根据《中华人民共和国著作权法》（以下简称《著作权法》）第三条规定，作品是指文学艺术和科学领域内具有独创性，并能以一定形式表现的智力成果，包括文字作品、口述作品、音乐舞蹈等艺术作品、美术建筑作品、摄影作品、视听作品、工程设计图、产品设计图等图形作品和模型作品、计算机软件，还有符合作品特征的其他治理成果。

作者完成创作就会对作品产生著作权，著作权可以转让，作者和受让人则构成了作品的著作权人。《著作权法》第十条规定，著作权包括人身权和财产权，人身权包括发表权、署名权、修改权、保护作品完整权。财产权包括复制权、发行权、出租权、展览权、表演权、放映权、广播权、信息网络传播权、摄制权、改编权、翻译权、汇编权及应当由著作权人享有的其他权利。例如，通过拍卖所得凡·高的画作《星空》，购买者并不当然地享有该画作的著作权，《星空》的署名权永远属于凡·高。我国《著作权法》第二十条第一款规定，作品原件所有权转移，不改变作品著作权的归属。同样的，NFT的虚拟产权和附着于该NFT上的著作权也是相分离的，持有其中一种权利，并不意味着持有另一种权利，因此发行者希望将他们的作品铸造成

NFT，势必将影响到著作权人的著作权，因此发行就必须要获得相应的许可。

4.7.2 发行者类型

4.7.2.1 初创型

初创型，即该著作权人就是发行者。初创型由于其著作权人和发行者是同一主体，不会存在任何的权利瑕疵。比如新加坡 28 岁的网红 Irene Zhao 在 instagram 上拥有近 40 万的粉丝，于是她将自己的各式美照加工成了名为 IrenaDAO 的 NFT 进行出售，在短短一周的时间成交量就破了人民币 4100 万的大关，成了名副其实的大网红。

4.7.2.2 许可型

许可型，作品并非发行者创作，而是由著作权人授权许可发行者进行发行的。由于著作权人需要将原作品的特定权利许可给发行人，因此存在权利转移的过程，若权利自身存在瑕疵或者授权不充分，抑或是与先前的授权存在冲突都有可能导致这个 NFT 不具有合法性。

4.7.3 合规要点

4.7.3.1 授权主体

针对著作权人是单一主体的情况下，发行人只要与著作权人达成许可协议，就可以将这些客体进行 NFT 化，对于将被 NFT 化的客体涉及多重权利主体的，就应当与多重权利主体分别取得授权。譬如美国前总统唐纳德·特朗普的妻子梅拉尼娅·特朗普，在 2021 年 12 月发布了个人的 NFC 作品，一张由艺术家马克安东尼·库伦所绘画的画作《梅拉尼亚的愿景》，这种作品的权利人存在交织，首先梅拉尼娅·特朗普对这份作品享有肖像权，因为是其对本人的脸部特性的绘画；其次作者库伦对其享有著作权，因此若需要发行 NFT，则需要同时征得二者同意。

4.7.3.2 授权内容

一般而言，发行 NFT 需要取得复制权、发行权、展览权、信息网络传播权等。如果需要对原作品进行进一步的加工，则需要同时考虑获得摄制权和改编权等。当然，最完美的情形是取得除人身权以外的一切财产权。

4.7.4 中国NFT第一案

4.7.4.1 基本案情

在最近发生的 NFT 侵权第一案中，原告诉称，漫画家马千里创造的"我不是胖虎"动漫形象近年来成为广受用户欢迎的爆款 IP。原告经授权，享有"我不是胖虎"系列作品在全球范围内独占的著作权财产性权利及维权权利。原告发现，被告经营的元宇宙平台上，有用户铸造并发布"胖虎打疫苗"NFT，售价 899 元。该 NFT 数字作品与马千里在微博发布的插图作品完全一致，甚至在右下角依然带有作者微博水印。原告认为，被告作为专业 NFT 平台，理应尽到更高的知识产权保护义务，被告行为构成信息网络传播权帮助侵权，故起诉要求被告停止侵权并赔偿损失 10 万元。

4.7.4.2 法院认为

被告某科技公司经营的元宇宙平台作为 NFT 数字作品交易服务平台，未尽到审查注意义务，存在主观过错，其行为已构成帮助侵权，判决被告立即删除涉案平台上发布的"胖虎打疫苗"NFT 作品，并赔偿奇策公司经济损失及合理费用合计4000元。

二审法院认为，NFT数字作品作为数字藏品的一种形式，符合网络虚拟财产的特征，具有财产利益的属性。同时，不同于民事主体对有体物的实际占有和支配，NFT数字作品的"占有"更多地体现为对"所有人"身份的表征，其"支配"也需依托于交易平台提供的技术支持，故NFT数字作品作为网络虚拟财产受到民法保护时体现为一种财产性权益。另外，二审纠正了原审判决中所指的NFT数字作品的"所有权"不应理解为民法中的物权意义上的所有权，其系从数字作品交易所呈现的形式而言，即从形式上看，NFT数字作品交易呈现的后果是该数字作品的"持有者"发生了变更。

元宇宙平台作为NFT数字作品交易平台的经营者，其提供的网络服务有别于《信息网络传播权保护条例》中的"自动接入、自动传输、信息存储空间、搜索、链接、文件分享技术服务"，属于一种新型的网络服务。基于NFT数字作品交易平台提供网络服务的性质、平台的控制能力、可能引发的侵权后果以及平台的营利模式，元宇宙平台应当对其网络用户侵害信息网络传播权的行为负有较高的注意义务。因此，元宇宙平台存在主观过错，应当承担帮助侵权的民事责任。

4.7.4.3 律师评析

在NFT数字作品铸造和交易的新型模式下，并不能脱离开《著作权法》对NFT底层作品的著作权保护。在不是著作权人，也未得到著作权人授权的情况下，行为人将相关作品擅自铸造为NFT作品并出售，将承担侵害著作权的法律责任。另外，NFT数字作品交易服务平台作为新型网络服务提供者，应当尽到审查注意义务，并且在知道或者应当知道网络用户存在侵权行为时，应当及时采取有效制止侵权的必要措施，否则可能因网络用户的侵权行为而承担过错责任。

基于二审法院判决结果可知，一是该判决明确了 NFT 数字藏品不是民法中物权意义上的所有权；二是从交易形式上发生的作品"持有者"的变更，从而使得该作品的财产性权益发生了变化；三是明确了 NFT 数字藏品与著作权无关，而受信息网络传播权调整；四是明确了元宇宙平台对于数字藏品的发行具有较高的审查义务，应当要求 NFT 铸造者在上传作品同时提供相应的权属证明。

二审判决进一步明确了 NFT 数字藏品的性质以及责任承担的理由及事实依据，给予 NFT 铸造者一个严肃的警醒，也提醒相关元宇宙平台应当设置实质审查形式，严格把守知识产权门槛。

4.8 发行平台的合规要求

4.8.1 合规重点：运营资质

近期国内多家数字藏品发行平台，包括 App 以及微信小程序纷纷被官方下线并被要求整顿，本次导致大规模下线的直接原因就是发行平台未取得法定的许可证和牌照。

4.8.2 发行平台的必备资质

4.8.2.1 增值电信业务经营许可证

增值电信业务经营许可证，即 EDI 和 ICP，二者均列举在工信部 2015 年发布的电信业务分类目录中，分别属于增值电信业务项下的第

21 类和第 25 类，而这两类业务几乎是目前互联网企业都需具备的。

（1）第 21 类在线数据处理与交易处理业务（简称 EDI），是指利用各种与公共通信网或互联网相连的数据与交易/事物处理应用平台，通过公用通信网或互联网为用户提供在线数据处理和交易/事务处理的业务。它主要包括交易处理业务，电子数据交换业务和网络电子设备数据处理业务。通俗来讲，EDI 主要涉及电子商务平台的业务，只要存在第三方入驻的情况，平台就需要提供交易处理相关的增值电信业务。目前对于国内主要的发行平台而言，往往都具有发行商入驻的入口，因此这些平台就需要申请 EDI 证。

（2）第 25 类信息服务业务（简称 ICP），是指通过信息采集、开发处理和信息平台的建设，通过公用通信网或互联网向用户提供信息服务的业务，主要包括信息发布平台和递送服务、信息搜索查询服务、信息、社区平台服务、信息及时交互服务、信息保护和处理服务等。对于发行平台而言，以下服务场景都涉及 ICP 许可的范畴。例如，NFT 即数字藏品的信息发布业务，付费广告业务等都被归类为信息发布平台和艺术服务。再例如，关键词搜索的功能，就属于信息搜索查询服务，还有常见的 NFT 即数字藏品的评价功能，就涉及信息社区平台服务。

4.8.2.2 区块链信息服务备案

作为 NFT 数字藏品的发行平台，因为涉及区块链技术，所以需要做好区块链信息服务备案，根据《区块链信息服务管理规定》第十一条的规定，区块链信息服务提供者在提供服务之日起 10 个工作日内，通过国家互联网信息办公室区块链信息服务备案管理系统，填报信息提供者的名称、服务类别、服务形式、应用领域、服务器地址等信息履行备案手续。此外还规定，提供者开发上线新产品、新应用、新功能的，应当按照有关规定报国家和省（自治区、直辖市）互联网信息办公室进行安全评估。此外，发行平台的技术开发方也属于为区块链信息服务的主体提供技术支持的机构或组织，也需要进行单独的备案登记。

除了上述备案要求外，建议所有发行平台都需要好好学习一下《区块链信息服务管理规定》，因为它还规定了许多其他业务，包括落实信息安全管理责任、具备与服务相适应的技术条件、具有符合国家标准规范的技术方案、具有公开管理规则及平台合约、用户真实身份认证、信息记录及备份等，这些都是发行平台后续需要切实履行的。

4.8.2.3 艺术品经营单位备案证明

（1）发行平台还需要符合国家关于艺术品的相关规定。首先根据《艺术品经营管理办法》第二条规定，艺术品是指绘画作品、书法、篆刻作品、雕塑雕刻作品、艺术摄影作品等。这一定义已经覆盖了目前常见的数字藏品类型。

（2）艺术品经营活动包括收购、销售租赁；鉴定、评估、商业性展览等服务；以艺术品为标的物的投资经营活动及服务。而目前的发行平台上的经营活动也囊括了上述环节。特别需要强调的是，利用信息网络从事艺术品经营活动，也适用于《艺术品经营管理办法》，由此可见发行平台需要取得艺术品经营单位的备案证明。一般而言，发行平台在领取营业执照之日起 15 日内应当到其住所地县级以上人民政府文化行政部门备案。

4.8.2.4 网络文化经营许可证

根据《互联网文化管理暂行规定》第二条的规定，互联网文化产品是指通过互联网生产、传播和流通的文化产品。主要包括两类，一是专门为互联网而生产的互联网文化产品，二是将底层作品等文化产品以一定的技术手段制作、复制到互联网上传播的互联网文化产品。

互联网文化活动则是指互联网文化产品及其服务的活动，主要也涉及两类，一是制作、复制、发行和播放的活动，二是将文化产品登载在互联网上，或通过信息网络发送到用户端或者上网服务营业场所，供用户浏览、欣赏、使用或下载的在线传播系统。

当NFT数字产品进行铸造时，其作品本身就会纳入互联网文化产品范畴，而在NFT数字藏品发行拍卖的过程中，平台业务会涉及对作品进行发行、复制、信息网络传播等活动，也需要将底层作品，比如绘画、雕像、音乐等提供给用户进行浏览欣赏，那么就属于互联网文化活动，因此在以盈利为目的的情况下，发行平台需要取得网络文化的经营许可证。

4.8.3　发行平台的可选资质

4.8.3.1　网络出版咨询许可证 [1]

根据《网络出版服务管理规定》，网络出版物是指通过信息网络向公众提供的具有编辑、制作、加工的出版特征的数字化作品，范围主要包括：①文学、艺术、科学等领域内具有知识性、思想性的文字、图片、地图、游戏、动漫、音视频读物等原创数字化作品。②与已出版的图书、报纸、期刊、音像制品、电子出版物等内容相一致的数字化作品。③将上述作品通过选择、编排、汇集等形式形成的网络

---

[1] 参见公众号"风和观察"-https://mp.weixin.qq.com/s/SQJE-oQnOHw6QZ-g0X2Z05A。

文献数据库等数字化作品。

根据第七条的规定，从事网络出版服务必须依法经过出版行政主管部门的批准，取得网络出版服务许可证。目前，关于发行平台是否需要申请网络出版服务许可证是存在争议的。有些观点认为网络出版物需要具备编辑、制作、加工等出版特征，而目前的发行平台不承担编辑、制作、加工等出版环节，因此不需要申请。

建议：这在实践中还需要根据具体情况进行分析，不能一概而论。例如，知名的 NFT 数据聚合平台 NFT Go，发布了 2022 NFT 年度报告，报告集聚了 NFT 领域的众多资讯，已经具备了编辑、制作、加工的出版特征，因此，NFT Go 平台也应当取得网络出版服务许可证。

4.8.3.2 信息网络传播视听节目许可证

目前在境外的 NFT 领域中已经有较多的音频类 NFT，而在国内鲸探上也曾经发行过带音频的数字藏品，比如，太空中国年等。根据《互联网视听节目服务管理规定》第二条规定，互联网视听节目服务是指制作、编辑、集成，并通过互联网向公众提供视音频节目，以及为他人提供上载传播视听节目服务的活动。而从事互联网视听节目服务，应当依照本规定取得广播电影电视主管部门颁发的信息网络传播视听节目许可证。若发行平台希望发行视听类的数字产品，则必然需要在页面上提供试听、试看的功能，因此他们需要具有信息网络传播视听节目许可证。

4.8.3.3 拍卖经营批准证书

根据《中华人民共和国拍卖法》（简称《拍卖法》）第三条规定，拍卖是指以公开竞价的形式，将特定物品或者财产权利转让给最高溢价者的买卖方式。同时,《拍卖法》第十一条规定,设立拍卖企业必须经所在地省(自治区、直辖市)人民政府负责管理拍卖业的部门审核许可,并向工商行政管理部门申请登记,领取营业执照。在本轮下线整改之前,也有不少发行平台已经提供了拍卖发行的方式,但经查询绝大多数均未取得相关资质。

4.8.3.4 交易所资质

2011 年,由于当时一些地方为了推进股权、产权等权益和商品市场发展,陆续批准设立了一些从事产权交易、文化艺术品交易和大宗商品交易等各种类型的交易场所。由于缺乏规范管理,在交易所设立和交易活动中,违法违规的问题日益突出,风险不断暴露,引起了社会的广泛关注。为了防范金融风险,规范市场秩序,维护社会稳定,国务院于 2011 年 11 月 11 日发布了《国务院关于清理整顿各类交易场所切实防范金融风险的决定》,并于 2012 年 7 月 12 日发布了《国务院办公厅关于清理整顿各类交易场所的实施意见》,实施意见提出不得将任何权益拆分为均等份额公开发行,不得采取集中竞价、做市商等集中交易方式进行交易,不得将权益按照标准化交易单位持续挂牌交易,三方面的要求抑制了投资炒作风险。

4.8.4 案例

2021 年,支付宝推出了数字藏品,敦煌飞天的付款码皮肤上线数日后,在闲鱼平台被炒出了 150 万元人民币一个的高价,阿里紧急下架了相关商品,并且之后将所发行数字藏品的用户协议一律改为了 180 天后才可以转赠的条件。由此可见,目前国家及互联网头部公司对于数字藏品的交易和宣传持极其谨慎的态度。

现在很多平台都称自己有国家队的背景，有官方资本的加持，就试图混淆自身的资质问题。但这次大量 App 以及微信小程序纷纷被官方下线并被要求整顿事件，体现出这些背景并不真正意味着合法合规，发行平台还是需要请专业律师把控好合规风险。

4.9　NFT知识产权暨投资者保护

NFT 藏品的发售，本质上是在出售藏品的数字文件的所有权，一般不包括藏品的版权。但由于 NFT 藏品是在区块链上发行的，因此与传统的数字文件相比，其所有权可以在区块链上验证。例如，一幅绘画的 NFT 藏品，购买者可以在相应的区块链上验证其对该数字文件的所有权；而非购买者虽然也可以通过截屏等方式获得该藏品的数字文件，但是该数字文件没有上链，仅仅具有在本地观赏的价值。

目前国内比较大的 NFT 平台有：阿里旗下的鲸探、腾讯旗下的幻核以及京东旗下的灵稀等。这些平台的交易机制也有不同，这几个平台均未开放二级市场交易，即不允许用户间买卖 NFT 藏品。但是鲸探允许在持有 NFT 藏品 180 天后转赠实名好友，第二次转赠需 2 年以后；幻核和灵稀不允许转赠或买卖。

NFT 藏品在理论上不具有稀缺性，因为其本质上是一种数字文件。但是发行方一般会通过限量发行来制造稀缺。

此外，如前文所述，由于我国合法的区块链形式只是私有区块链。因此，如果能够获得合法授权，相同的 NFT 藏品理论上可以在不同的多个区块链（平台）上发行。但是发行方一般可以通过合同的方式要求独家发行。

NFT 藏品的知识产权问题主要在于发行方要获得版权所有者的合法授权，购买方要注意自己购买的一般仅是 NFT 藏品的数字文件所有权，而非版权。因此，如果购买方将 NFT 藏品进行复制（例如截屏）并且在网上展示的话，可能构成版权侵权；购买方能合法展示的仅仅是 NFT 藏品本身，而不能进一步复制。

4.10　NFT相邻关系和价值互认

相邻关系的概念本质上是出现在物权之中，原意指的是不动产的相邻各方因行使所有权或使用权而发生的权利义务关系。在 NFT 的发行与交易过程中，原著作权人与 NFT 制造者之间的权利冲突无法避免，而此时，可以借鉴物权中的相邻关系理论解决原著作权人与 NFT 制造者之间的权利冲突问题。在元宇宙空间范畴内，NFT 制造者与原著作权人的权利边界或权利延伸都需要某种技术上的连接。因此，在当原著作权人或 NFT 创作者因行使使用权而产生权利冲突时，应当依据公平合理、团结互助的原则，正确处理二者的相邻关系。

价值互认本质上是一种权利互认，体现在 NFT 制造者与原著作权人之间权利上的一致性。在 NFT 实际发行与交易过程中，如何推行价值互认是一个需重点关注的问题。例如，如何确保同一幅作品将其线下售出的价格与将其制成 NFT 作品线上售出的价格一致性的问题，这便是一个最基本的价值互认问题。因此，在面对 NFT 实际的发行与交易之前，需要制定明确、合理的标准，既要保障 NFT 制造者的合法权益，也要平衡原著作权人的正当权益。

4.11 NFT发行与交易的法律红线

4.11.1 关于防范以元宇宙名义进行非法集资的风险提示

2022年2月18日，中国银行保险监督管理委员会处置非法集资部际联席会议办公室发布，提醒投资者应注重防范以下四种以元宇宙名义进行非法集资的有关手法：

（1）编造虚假元宇宙投资项目。
（2）打着元宇宙区块链游戏旗号诈骗。
（3）恶意炒作元宇宙房地产圈钱。
（4）变相从事元宇宙虚拟币非法牟利。

4.11.2 非法吸收公众存款罪、集资诈骗罪

目前，市面上的NFT发行方式五花八门，但万变不离其宗。发行方应避免采取保本保收益的发行方式，更不得设置类似的发行规则或者提供相应的变现渠道。

案例

【元宇宙概念股"投资"】

某市民看到一则理财视频广告，此广告内容为"投资元宇宙概念股，每月可收益50%"。于是该市民添加了客服联系方式，随后被拉入概念股投资微信群。该群中有1名投资"大师"、5名投资顾问、36名投资股民。其中的投资"大师"宣称从业理财业务十余年，理财经

验丰富，其中的投资顾问认真解答股民问题，继而股民积极跟投，还有晒出"大师"带单做单的赚钱截图。该市民看到此便信以为真，放松戒备。在"大师"的指点下，他购买了"元宇宙概念股"，一开始有所收益，之后该市民便决定加大投入，不料"元宇宙概念股"一跌再跌，之后亏损总计36万元。

【律师评析】

第一，广大公民应当谨记"天上不会掉馅饼"，金融消费者在投资理财时一定要看清企业营业执照的经验范围是否包含发行理财产品、对投资者财产进行投资和管理，企业是否取得理财投资相关金融牌照或经金融监管部门的批准文件。第二，日常生活中要增强个人信息安全意识，慎重对待合同签署工作，不得随意与银行、保险从业人员签订投资理财协议，不随意点击链接、扫描陌生二维码等，以防个人信息被利用，危害名誉与资金安全。第三，对新型非法集资的手段保持警觉，理性对待新事物。我国《刑法》第一百七十六条规定，非法吸收公众存款或者变相吸收公众存款，扰乱金融秩序的，构成非法吸收公众存款罪。在上述案例中，该发行方式若同时满足了非法性、公开性、利诱性和社会性四要素，很可能构成非法集资；若是以非法占有为目的，还可能构成集资诈骗罪。

4.11.3 组织、领导传销罪

在目前的NFT项目发行中，发行方为了吸引人气，往往会奖励会员，鼓励会员引入更多的会员。而在这些推广过程中，也看到了传销的影子。所谓传销，是以推销商品提供服务等经营活动为名，要求参加者以缴纳费用或者购买商品服务的方式获得加入资格，并按照一定的顺序组成层级，直接或间接以发展人员的数量作为计酬或者胁迫参加者继续发展他人参与骗取财物。

案例

【虚假推销虚拟币】

2022年7月21日，合肥市公安局通报：房某等人在合肥某地以运营"MGB元宇宙一号城"项目为名，通过自行设计MGB虚拟货币挂钩USDT币的方式，对外宣称MGB虚拟币未来价值会飙升，诱骗投资人在MGB平台中注册会员账户，逐级发展下线会员，从中提高MGB虚拟币所谓的释放速度，在MGB平台获取奖励，实施传销犯罪。

【律师评析】

若平台在设置发行条件中，允许在每次交易时都向标的的所有者或者交易上家支付一定比例的利润，加上相应的NFT、元宇宙等概念目前受到了市场的追捧，更易导致泡沫，整个项目就涉嫌构成传销组织，而发起人等参与者亦涉嫌构成组织、领导传销罪。

为防止组织、领导传销罪的法律风险，建议元宇宙从业者不要轻易设置三层以上的激励模式，不要试图躲避监管，要自觉与各类虚拟币保持距离。正值各地警方对于虚拟币涉嫌组织、领导传销活动罪进行打击之时，元宇宙概念的团队恪守行业自律，不搞线下酒会等会议营销，不以启蒙为由对中老年人展开带有"销售目的"的推销，元宇宙团队应当严格遵守国家法律法规政策关于虚拟货币的监管规定。

4.11.4 侵犯著作权罪

目前，盗用或者冒用他人身份铸造 NFT，已经成为一种高发的新型侵权手段。如果发行人未经授权擅自铸造 NFT 数字产品谋取利益或者平台未经同意擅自将 NFT 数字产品进行发行售卖，则发行人或平台存在侵权的可能。严重者，构成侵犯著作权罪。

案例

【侵犯知识产权】

（1）Roblox"录音机"播放音乐争议。近日，海外多家音乐出版商一纸状书联合将 Roblox 告上了法院，称 Roblox 的游戏平台中使用了大量未经授权的音乐。这起诉讼称，在 Roblox 游戏平台中，玩家可以在自己的游玩空间中添加"收音机"这一虚拟物品，通过收音机收听自己想听的音乐。然而，收音机中许多音乐并没有获得出版商的授权。音乐出版商向法院表示，由于 Roblox 在游戏平台中使用的音乐没有取得授权，导致他们直接损失了高额的版权收入。这起案件由美国加利福尼亚州中部地区法院受理，版权方向 Roblox 要求至少 2 亿美元的赔偿。

（2）《堡垒之夜》人物动作争议。2018年，第三人称射击游戏《堡垒之夜》(Fortnite) 也收到了版权法诉讼。在这个特殊案件中，原告为一位因舞步走红的萨克斯手，起诉了《堡垒之夜》的开发商 Epic Games，他认为游戏中人物的舞蹈动作复制了他的舞步。无独有偶，美国演员阿方索·里贝罗 (Alfonso Ribeiro) 同样声称该游戏的舞蹈动作侵犯了他的版权。

（3）黑客入侵Bansky个人官网。黑客入侵了知名艺术家Bansky的个人官网，发布了一幅数字作品，并将该画作铸造成为了NFT，并挂在了世界最大的第三方交易平台OpenSea上进行出售，导致某位用户误以为该画作的确是Bansky所做，并为此支付了超过近30万美元的对价。

【律师评析】

元宇宙中的侵犯著作权与传统的侵权标准相同，若数字化作品复制了他人的作品，则构成侵权。并且，版权作品最大的一个特征就是具有一定的独创性，符合独创性标准的作品，就可以受到版权保护。上述案例中，游戏包含的音乐、舞步等元素都存在一定程度的复制行为。元宇宙的出现，必然给知识产权保护带来新型挑战。

依据《刑法》第二百一十七条规定，以营利为目的，未经著作权人许可，复制发行其文字作品、音乐、电影、电视、录像作品、计算机软件及其他作品的，违法所得数额较大或者有其他严重情节的，即构成侵犯著作权罪。

《最高人民法院、最高人民检察院关于办理侵犯知识产权刑事案件具体应用法律若干问题的解释》第十一条第三款规定，通过信息网络向公众传播他人文字作品、音乐、电影、电视、录像作品、计算机软件及其他作品的行为，应当视为《刑法》第二百一十七条规定的"复制发行"。

因此，元宇宙平台在开发网络游戏或发布某一人物形象、音乐、动作时，应当谨慎选取素材，防止侵犯他人知识产权。建议平台制定严格的审核机制，甚至可以委托律师来做尽职调查。同时，要注意履行通知删除义务，并在平台的交易规则中，就前述情况下，收藏者和发行者应当享有的权利或者承担的义务做明确的约定。

第5章
元宇宙的数据安全与网络安全

5.1 概述

想要实现对现实世界的映射，元宇宙需要强调生态完整性。在集成包括区块链、大数据、人工智能、深度计算等诸多信息技术的条件下，元宇宙对个人信息的收集和处理将会是前所未有的。数字化程度越高，安全挑战越大。2021年12月20日，Meta公司旗下的元宇宙平台 Horizon Worlds 爆出首例性骚扰事件，从而引发了全球市场对即将到来的元宇宙时代关于安全话题的关注。随着产业和技术的不断发展，可以预见更多的问题也会接踵而至，首当其冲的便是数据和个人隐私保护问题。此外，元宇宙面临的网络安全问题也不容忽视，比如网络攻击、关键基础设施缺陷等。

当前，元宇宙的发展还处于"孵化期"阶段，具有新产业脆弱、不稳定、野蛮生长等特征，也伴生了法律、伦理等方面的风险。首先，元宇宙中对个人行为数字化的记录与当下《民法典》中"知情－同意""通知－删除"等个人信息保护逻辑产生冲突，也就是说在广泛高效的数据利用和个人信息保护的安全需求之间存在张力。其次，从近年来凸显的新型网络攻击模式可以看出，利用合法身份进行网络攻击的方式日益多发。对于"合法身份"无论是窃取还是骗取抑或是本身的违规操作，对大型信息系统的伤害尤为严重，因此元宇宙系统的内部身份和权限监管规制也意义重大。

安全是元宇宙产业发展的"定海神针"，同时也是难能可贵的产业机遇。根据《2021年中国互联网安全产业分析报告》显示，2020年，我国网络安全市场规模为532亿元。工信部2021年发布的《网络安全产业高质量发展三年行动计（2021—2023年）（征求意见稿）》明确指出，到2023年，网络安全产业规模超过2500亿元，一批质量品牌、经营效益优势明显的领航企业初步形成。

5.2 现行法律、法规及政策

业界将元宇宙视为下一个具有战略意义的竞争领域，政府则倾向于从更加完整的视角看待这一概念，比如对国际竞争的影响，对国内政治、经济、社会的潜在风险。目前，元宇宙产业发展尚属早期，各国并未对元宇宙进行直接立法，但对元宇宙发展模式的探索和思考依然展开。

韩国和日本对元宇宙延续了其在虚拟经济领域的积极性。韩国成立了由行业团体和商业协会共同参与的"元宇宙联盟"，开发项目从技术到元宇宙的道德与文化。该联盟由政府主导，已囊括包括SK电信、现代汽车在内的200多家公司。日本经济产业省于2021年7月份发布了《关于虚拟空间行业未来可能性与课题的调查报告》，报告表示"政府应防范和解决虚拟空间的法律问题，并对跨国、跨平台业务法律适用等加以完善；政府也应当与业内人士制定行业标准和指导方针，并向全球输出此类规范。"这些建议体现了日本对于元宇宙产业的积极态度。

欧盟迄今为止尚未出台直接针对元宇宙的法案，但欧洲针对元宇宙的底层技术如区块链、人工智能和大数据等均有相关立法，这说明了欧洲在对待元宇宙时可能采取的倾向和立场。2021年4月21日，欧盟公布了《人工智能法》草案，划定了人工智能可能存在的四类风险，其中不可接受风险最高罚款可达年营业额的6%，而此前的《通用数据保护条例》最高罚款额是企业年营业额的4%，欧盟试图在这些技术成为主流前实施监管。这些立法预示着欧盟更关注元宇宙的监管和规则问题，试图在治理和规则上占据先发优势。

中国目前尚未对元宇宙进行统一布局，但元宇宙发展及监管无疑也进入了高层视野。2021年1月12日，国务院印发《"十四五"数字经济发展规划》，部署要求"着力强化数字安全体系。增强网络安全防护能力，提升数据安全保障，有效防范各类风险。"2022年两会上，一些政协委员和人大代表就元宇宙相关监管问题提交提案，提出了要防范元宇宙风险。对比中央层面强调产业的健康发展，地方则积极开展试点和布局，北京、上海、浙江、海南、江苏等省市均出台有关政策来支持本地区元宇宙产业的发展壮大。

5.3 个人隐私保护

当现实世界的经济行为拓展到元宇宙时，在现实世界遇到的用户隐私问题也同样会出现在元宇宙里。现实世界中，网络运营者收集和囤积大量用户信息，对用户进行精准画像和个性化推送的运营模式早已见怪不怪，这涉及行为定位和大量监控。让事情变得更可怕的是，元宇宙通过人机交互、大数据等增强现实之时，这些技术行为会从自发变成必然，同时收集效率和收集能力也将变得更加强大。

在关注元宇宙对隐私的影响之时，人们普遍的担忧包括身份泄露、强制监控以及个人信息被滥用。这些担忧是针对现行网络平台下的不合理现象的防范，然而在元宇宙背景下，个人隐私被侵犯还有更深层次的隐忧。例如，现行网络平台下，不认识的人之间想要传递消息，主要限于ID、文本、图片等平台信息的检索。而在元宇宙中，假设一个"不受欢迎的人"与他人共处一个虚拟空间，由于元宇宙的沉浸式特点，他可以通过"牵连关系"等蛛丝马迹轻易获得想要的信息，情报能力和行动能力得到极大拓展，针对他不良行为的防范也更加困难。再如，不良内容的扩散，现行网络下，针对不良内容的管控一直是网络治理的痼疾。而元宇宙下，对于不良内容无论从检测、甄别还是处理，难度都将会更大。

对于个人隐私保护，首先应当明确的是任何在元宇宙设立虚拟办公室的组织都应该有严格的数据隐私和安全政策。其次，中心化的监管与元宇宙的本质属性存在矛盾，分布式监管或许是一条比较可行的路线。最后，信息采集是搭建元宇宙虚拟世界必不可少的一部分，但用户应该有权控制他们愿意分享的个人信息数量。

5.4 数据合法利用规制

《中华人民共和国数据法》中将"数据"定义为"任何以电子或者其他方式对信息的记录"。相较于"个人信息"的定义，范围无疑更广。数据被称为信息时代的石油,在数字化新阶段,数据成为全球网络空间关键性的资源,运用数据进行价值创造早已成为了一种商业运营模式。在元宇宙中,由于基础架构、数字人、虚拟财产、社交活动等均以数据形式存在,这提出了新的数据安全治理要求。

以海量数据为基础的元宇宙,在对数据的收集、储存、加工、传输、提供和公开过程中,出现数据风险的可能性将显著提高。尽管还未出现较为成熟的元宇宙应用,但通过对大数据时代的分析,我们依然可以窥得未来元宇宙中将会产生的数据问题。2015年,国务院印发《促进大数据发展行动纲要》,标志着大数据正式上升为国家战略,这一新兴产业逐步走向繁荣。大数据的出现加快推动了数据资源的开放共享,促进了产业转型和社会治理创新。然而,随着大数据应用落地,有关"杀熟"问题频频被爆出,包括携程、天猫、美团、滴滴出行等多个互联网头部企业都相继"爆雷",引人注目。不过,在元宇宙背景下,对于数据问题的探讨不应止于浅显的数据滥用、隐私侵犯、数据篡改。这些当然是亟待解决的现实问题,更为深刻的忧患则是数据鸿沟和数据霸权。平等是当今人类社会最为追求的价值之一,元宇宙的数据开发将进一步导致不同地区、不同群体的割裂加深,凸显技术作为壁垒的分隔作用,继而拉大数据鸿沟,动摇这一价值基础。数据霸权则会阻碍技术的革新,造成数据孤岛,加剧大数据等行业失范行为。

随着元宇宙产业持续升温,还会有其他数据风险被凸显出来。但同其他事物一样,元宇宙发展不可能没有副作用。数据的存在并非为了"保护",而恰恰是为了"利用"。在进行数据安全规制之时,需要妥善处理好"开放利用"和"安全保护"之间的关系。

5.5 防范网络攻击

元宇宙是数字化发展到高级阶段的产物，元宇宙的安全已经由传统的数据安全升级到与云安全、物联网安全、新终端安全、应用安全等结合的新网络安全，安全隐患更加突出、多元。在元宇宙时代，一个环节出现安全问题，这个问题就有可能扩散到整个系统，因此，元宇宙的网络攻击问题不容忽视。

元宇宙传递出的"无限可能"对于"有心人"而言就是"无限攻击价值"。最浅显的一层就是终端篡改。比如黑客会利用社会工程、网络钓鱼及恶意软件等工具盗用用户账户或个人信息。这些信息在元宇宙中完全可能被用来敲诈勒索甚至诱使犯罪。相较而言对于信息的不良商业应用似乎都显得无关紧要很多。再比如关键基础设施破坏，元宇宙并非现实世界的简单数字孪生，而是独立运行的虚拟空间，当某一关键基础设施受到破坏之时，元宇宙的停滞运行将会导致部分与整体、虚拟与现实的脱节，而撕裂的后果与融合一样，将影响到整体社会的方方面面。传统安全工具如防火墙、病毒查杀等基于边界防护理念的设计已经难以保护一些新型计算如云计算、边缘计算的安全，更不用说确保元宇宙的安全。因此针对元宇宙的网络攻击需要一种新的安全哲学和设计架构。目前来看，基于可信硬件建立主动免疫机制的可信计算，确保数据安全和隐私发展出的零知识证明，旨在让分散参与方在不披露信息前提下协作模拟的联邦学习，无须解密而直接进行数据解读的同态加密等新型技术都会在元宇宙中发挥相应的作用。

值得注意的是，并非单纯依赖某一项新技术就能一定解决问题。比如区块链，达到 51% 算力就可以攻击基于工作量证明的共识机制，虽然部分业内人士呼吁这只是基于理论的推导，而现实几乎是不可能的。但当元宇宙的价值遍及商业、社会乃至国家整体利益之时，单纯的经济考量并不能说明其安全性。可以确定的是，未来元宇宙的网络安全肯定不会是一套安全体系贯穿始终，一定是多系统多结构并在不同维度相互联系和影响的有机统一体。

5.6　网络安全审查与合规

除了个人隐私保护、数据规制和网络攻击等外部层面的因素，元宇宙本身的技术安全和相应新基础设施安全同样值得重视。元宇宙的技术集成模式决定了其可能蕴含更多的设计缺陷和漏洞。这些漏洞可能被网络攻击者利用，也有可能破坏系统自身运行。当关键新基础设施受到攻击或发生故障，由于元宇宙生态系统的开放性，修复成本将远高于现行的数字生态。在元宇宙定义下，虚拟世界和现实世界融合交织，针对虚拟世界的攻击也会不可避免地转嫁到现实世界。

元宇宙的网络安全审查与合规可以说是人类迄今为止最为复杂的网络安全要求。不过元宇宙也不是法外之地，对它的监管也非无迹可寻。元宇宙种种功能的实现需要寄生于数据，现阶段仍可从数字服务方面对其予以规制。2018年5月12日，欧盟《通用数据保护条例》（GDPR）生效，GDPR 提出了企业赋予用户控制权、保持透明度、采用默认提供数据保护的组织和技术措施等合规意见并规定了最高4%的年营业额罚款，GDPR 一经出台就被指责过于苛刻，然而在2021年3月25日的欧洲议会"委员会关于 GDPR 实施两周后执行情况的评估报告"中，同意委员会认为"现阶段没有必要更新或审核该立法"。事实是欧盟正在推动越来越快的数字审查，欧盟峰会推动"欧洲产业战略"和"适当思维"，提议数十亿美元用于"数字欧洲"监控，以助于管理大型科技公司。2022年4月23日，欧盟推出了《数字服务法案》（Europen's Digital Servers Art），旨在遏制大型科技的力量。其中就提议了任何"活跃平台"对其用户的通信承担潜在责任，所谓"活跃平台"包括对用户内容进行调节、分类、推广或其他处理的人。有人指责这些要求给了平台一项不可能完成的任务，即实时识别非法内容，其速度是任何人类监管者都无法做到的，然而事实是这些均是平台们经常在公共场合吹嘘的事情。

  元宇宙的网络安全合规与审查也引起了国内诸多业内人士的讨论。不过由于元宇宙还未正式亮相，目前对于问题的分析和解决尚属理论上的推演。现阶段，依靠《中华人民共和国国家安全法》《中华人民共和国网络安全法》《中华人民共和国数据安全法》《关键信息基础设施安全保护条例》以及新出台的《网络安全审查办法》在其初期足以实施有效监管。对于新生的元宇宙，一方面需要引导产业健康发展，另一方面也须给予行业一定的自主权，没有人可以戴着镣铐跳舞。随着元宇宙体系演进，将逐步完善相关法律法规标准规范。

第6章
元宇宙的监管

网络空间不是法外之地,而元宇宙作为"下一代互联网",自然也要受到法的约束。

6.1 元宇宙二元或多元共治的法律监管体系

笔者认为,元宇宙的法包含两种——元宇宙内的法和元宇宙外的法。元宇宙内的法本质上是一种元宇宙参与主体的共识,共识是元宇宙内法的灵魂,元宇宙的共识要通过共识机制和共识规则实现。[1] 根据《社会契约论》的基本思想,人生而自由,立约人根据自己的自由意志协商一致而形成契约,契约中的成员只服从代表契约成员的公意,也是自己的意志。[2] 鉴于元宇宙是一个去中心化的数字虚拟社会,在元宇宙中,参与主体按照共识机制以智能合约方式运转,也可以投票并决定其运行的规则,充分反映了参与主体的自由意志。正如美国学者劳伦斯·莱斯格所言:"代码即法律"。[3] 元宇宙外的法也就是现

---
[1] 参见鲁照旺:《元宇宙的秩序和规则》,载《学术界》2022年第2期。
[2] 参见卢梭:《社会契约论》,何兆武译,商务印书馆1980年版。
[3] See Lawrence Lessig, Code: And Other Laws of Cyberspace, Version 2.0, Basic Books, 2006.

实世界的法，现实世界的法是国家制定和认可的，由国家强制力保证实施，具有普遍约束力的社会规范。

遵循元宇宙内外的法，自然衍生出两种法律监管体系，即元宇宙内的监管体系和元宇宙外的监管体系。前者的建设主体是元宇宙参与者本身（平台和虚拟人），其中虚拟人是关键，虚拟人通过高度自治，监督平台、其他虚拟人并管理好自己的行为，以建设自由的元宇宙社会体系；后者的建设主体主要是政府，政府通过制定法律以管理、规范元宇宙中的主体、财产和交易，以防范元宇宙可能产生的法律风险。政府通过对违反法律的行为进行惩罚，并以武力手段为后盾，保障其实施，以建设规范的元宇宙社会体系。

通过上述分析，笔者认为元宇宙内的法律监管体系具有明显的去中心化特征，主要依托元宇宙参与主体的自治；而元宇宙外的法律监管体系则表现为一种中心化机制，主要依靠政府的强制力进行规范。一言以蔽之，元宇宙内靠自律，元宇宙外靠他律。

然而，无论是元宇宙内外的法抑或元宇宙内外的监管体系，都必须遵从人类社会普遍意义的伦理道德准则和元宇宙自身的规律。通过元宇宙内外的法和内外监管体系的碰撞、融合，最终将形成一个二元甚至多元共治的元宇宙监管体系。

6.2　元宇宙的风险及应对

截至目前，全球范围内尚未形成针对元宇宙完整的法律监管框架。从欧盟成员国、美国和中国的实践来看，各国对于元宇宙金融风险、网络安全、数据安全和个人信息保护比较关注。

自元宇宙概念大火以来，一些不法分子蹭热点，以元宇宙名义吸收资金，进行非法金融活动的案件层出不穷。中国银行保险监督管理委员会于 2022 年 2 月 18 日发布《关于防范以元宇宙名义进行非法集资的风险提示》，明确反对"编造虚假元宇宙投资项目、打着元宇宙区块链游戏旗号诈骗、恶意炒作元宇宙房地产圈钱、变相从事元宇宙虚拟币非法牟利"等违法犯罪行为。

近年来，我国陆续颁布了《网络安全法》《数据安全法》《个人信息保护法》《网络安全审查办法》《数据出境安全评估办法》等一系列法律法规，旨在加强对我国网络安全、数据安全和个人信息的保护。元宇宙是由数据搭建起来的虚拟世界，数据作为元宇宙最重要也是最核心的资源，政府必须严格管控，甚至未来可以由中央政府建立一个权威性的国家级数据储存中心，用于存储和保管政府、企业和个人的数据，以防范信息泄露。

政府未来会对元宇宙如何监管？可以从国务院办公厅印发《关于促进平台经济规范健康发展的指导意见》，以及中共中央办公厅、国务院办公厅发布的《关于推进实施国家文化数字化战略的意见》等规范性文件看出端倪。我国对于元宇宙这一新兴业态，可能实行包容审慎监管，分领域制定监管规则和标准，在严守安全底线的前提下为元宇宙发展留足空间。对看得准、已经形成较好发展势头的企业或平台，分类量身定制适当的监管模式；对一时看不准的企业或平台，设置一定的"观察期"；对潜在风险大、可能造成不良后果的企业或平台，严格监管；对非法经营的企业或平台，依法予以取缔。各部门依法依规夯实监管责任，优化机构监管，强化行为监管，及时预警风险隐患，发现和纠正违法违规行为。

6.3 不同种类NFT的监管政策及行业标准

6.3.1 区块链产品

区块链是 NFT 的底层技术，NFT 是区块链的典型应用。需要注意的是，区块链凭借其透明、公开、可追溯、不可篡改等特性已成为数字经济时代最重要的基础技术之一，并已经上升到国家层面。而 NFT 虽然运用了区块链底层技术，但法律政策并未对 NFT 本身做出说明。

早在 2019 年，发展区块链技术已经成为国家层面的战略。习近平总书记在中央政治局第十八次集体学习时就强调"要把区块链作为核心技术自主创新的重要突破口，明确主攻方向，加大投入力度，着力攻克一批关键核心技术，加快推动区块链技术和产业创新发展"。

此外，各地政府也在不断提出各项支持性及监管性政策以助力区块链技术的发展。2021 年以来，区块链相关的政策继续被推出。2021 年 3 月，区块链被写入《中华人民共和国国民经济和社会发展第十四个五年规划和 2035 年远景目标纲要》，规划提出打造数字经济新优势，加快推动数字产业化。推动区块链技术创新，以联盟链为重点发展区块链服务平台和金融科技、供应链管理、政务服务等领域应用方案，完善监管机制。

2021 年 6 月，工信部、中央网信办联合发布《关于加快推动区块链技术应用和产业发展的指导意见》，指出聚焦供应链管理、产品溯源、数据共享等实体经济领域，推动区块链融合应用，支撑行业数字化转型和产业高质量发展。推动区块链技术应用于政务服务、存证取证、智慧城市等公共服务领域，支撑公共服务透明化、平等化、精准化。

从区块链信息服务的提供、使用、管理等的相关来看，国家互联网信息办公室于 2019 年 1 月 10 日发布的《区块链信息服务管理规定》要求，区块链信息服务提供者需要进行备案，变更、终止服务应当办理变更或注销手续。服务提供者开发上线新产品、新应用、新功能应当按照有关规定进行安全评估。对违反以上规定者，将依据本规定和有关法律、行政法规予以相应的处罚；构成犯罪的，依法追究刑事责任。

6.3.2 虚拟货币

代币可被分为同质化和非同质化两种，但二者有着本质的区别。同质化指代币间可以进行无差别的交换，比特币、以太坊都属于同质化代币。而 NFT 的非同质化特性使其区分于虚拟代币，NFT 承载的是附着于其上的实物或者数字资产的价值。在我国对虚拟货币的打压政策下，明确二者的区别非常重要。

由于虚拟货币容易被利用进行洗钱等违法活动，且缺乏汇兑机制，容易引起通货膨胀和市场混乱。我国一直以来对虚拟货币采取打压的政策。早在 2013 年，中国人民银行等五部委发布《关于防范比特币风险的通知》，明确了比特币是一种特定的虚拟商品，不由货币当局发行，不具有法偿性与强制性，不具有与货币等同的法律地位，不能且不应作为货币在市场上流通使用。

2017 年，通过发行虚拟代币的融资活动扰乱了市场秩序，中国人民银行等七部委联合发布《关于防范代币发行融资风险的公告》，立即叫停各类代币融资活动，要求任何组织和个人不得非法从事代币发行融资活动；加强代币融资交易平台的管理，禁止法定货币与代币、"虚拟货币"相互之间的兑换业务；要求各金融机构和非银行支付机构不得开展与代币发行融资交易相关的业务。

2021年9月，中国人民银行发布《关于进一步防范和处置虚拟货币交易炒作风险的通知》，进一步明确指出虚拟货币及虚拟货币相关活动的属性，明确提出应对虚拟货币交易炒作风险的工作机制，加强交易炒作风险的监管。该政策给了NFT警示，若依靠发币融资、炒作套利的模式发展，NFT将步入虚拟货币的后尘。因此，明辨虚拟货币与NFT的区别非常关键，用虚拟货币的思路发展NFT的做法是错误的。

6.3.3 数字藏品

NFT通过人类的劳动产生，本身凝结了人类抽象的劳动力。与虚拟资产类似，NFT支持对价转让、交易、产生收益，具备价值性。NFT持有人可以占有、使用、处分、收益，具有可支配性。2022年10月，腾讯幻核App与支付宝小程序"蚂蚁链粉丝粒"内页中，"NFT"字样全部消失，改为"数字藏品"。从这个切入点来说，往虚拟资产或者数字藏品靠拢或许是NFT在我国合规框架下可能的落地形式。

虚拟资产是受法律保护的，根据《民法典》第一百二十七条的规定，法律对数据、网络虚拟财产的保护有规定的，依照其规定。据此，《民法典》明确了数据、网络虚拟财产被纳入民事财产权利的保护客体范围。

在数字经济规模越来越占主导地位的今天，数字资产已经成为经济活动的重要组成部分。NFT往数字藏品或者虚拟资产的方向发展或许是目前最稳妥的方式。目前，多省市已经出台"数字资产交易"相关政策。《宁波市加快区块链产业培育及创新应用三年行动计划（2020—2022年）》提出探索建立区块链监管机制，重点加强区块链在金融、数字资产交易、电子政务、个人数据保护等领域的行业监管治理机制。

2020年5月发布的《海南省关于加快区块链产业发展的若干政策措施》中指出，支持龙头企业探索数字资产交易平台建设，探索资产数字化、数字资产确权保护、数字资产全球化流动、数字资产交易等方面的标准和技术模式，推动数字资产相关业态在海南先行先试。《2020年成都政府工作报告》中表示，加快推进区块链知识产权质押融资服务平台建设，推动设立数字资产交易中心，扎实推进法定数字货币试点。

6.3.4 艺术品

数字艺术品是NFT最主要的存在形式。目前，创造艺术品NFT一般有两种方式，一是直接在线创造并形成NFT艺术品，二是将线下实物艺术品铸造成为NFT艺术品。从NFT艺术品的法律性质上看，NFT艺术品本质上是一种数字形式呈现的作品。从NFT艺术品区块链存证的法律效力上看，其本质也是一种存储于区块链网络的电子数据。从NFT实物艺术品铸造权益上看，NFT艺术品与艺术品作者、藏家、用户权益的关系相关。

从艺术品的定义看，《艺术品经营管理办法》第二条第一款规定："本办法所称的艺术品，是指绘画作品、书法篆刻作品、雕塑雕刻作品、艺术摄影作品、装置艺术作品、工艺美术作品等及上述作品的有限复制品。本办法所称艺术品不包括文物。"据此，目前 NFT 并不属于艺术品范畴。

有趣的是，NFT 还未大规模兴起时，一群先行艺术家就利用其探索发展数字化艺术品的可能性。对于部分艺术品 NFT，从艺术品的法规做出规定对数字经济时代的艺术创作有积极且深刻的意义。

6.3.5 网络出版物

网络出版物的丰富多样性与 NFT 相似，且其表现形式都是数字化作品，但二者并不相同。需要注意的是，目前 NFT 并不等于数字作品，甚至不等于数字作品的存证，其只是数字复制品在链上的一种密码学表达。

从形式上，目前 NFT 最接近于网络出版物。根据《网络出版服务管理规定》，网络出版物指通过信息网络向公众提供的，具有编辑、制作、加工等出版特征的数字化作品，范围主要包括：①文学、艺术、科学等领域内具有知识性、思想性的文字、图片、地图、游戏、动漫、音视频读物等原创数字化作品；②与已出版的图书、报纸、期刊、音像制品、电子出版物等内容相一致的数字化作品；③将上述作品通过选择、编排、汇集等方式形成的网络文献数据库等数字化作品；④国家新闻出版广电总局认定的其他类型的数字化作品。

从操作层面上，法律对网络出版物的生成与流通做出了政策性的规范。根据《网络出版服务管理规定》第七条的规定，从事网络出版服务，必须依法经过出版行政主管部门批准，取得《网络出版服务许可证》。

根据我国《网络安全法》第二十二条规定，网络产品、服务具有收集用户信息功能的，其提供者应当向用户明示并取得同意。

6.3.6 游戏装备

游戏领域也是 NFT 最典型的应用，其中包括最早兴起的收藏游戏，如 Cryptokitties。但目前更丰富的玩法已经出现在多款游戏上，如模拟经营游戏 The Sandbox、赛车竞技游戏 Battle Racers，甚至还有流动性挖矿的 NFT 版本，比如 Axie Infinity。NFT 化的游戏装备使得这些游戏更有"现实"感，甚至出现依靠玩游戏养家糊口的现象。

目前，现行有效的法规等并无直接针对网络游戏相关的资产以及虚拟货币的规定。在司法实践中，部分网络账号、装备盗窃的情况下，法院认为盗窃网络游戏虚拟货币的行为以非法获取计算机信息系统数据罪定罪量刑。部分法院认为，公民能够独占管理的，可以转移处置的，具有价值性的物（包括无形物），均可以认定为公民私人所有的财产，网络游戏装备及虚拟货币等属于虚拟财产。从这个观点出发，网络游戏内的虚拟货币和装备等具有价值的内容成为虚拟财产是一个趋势。

6.3.7 NFT 行业标准

目前，虽然我国从政策上并未给出 NFT 具体的定义及使用法规，但今年以来 NFT 迅速爆发的态势和疯狂生长的局面使得 NFT 合规化成为必然。目前，各机构和企业正在积极地建立NFT的相关标准。

2021年9月，科技部下属中国技术市场协会标准化工作委员会联合多家产学研机构成立工作组，共同开展《NFT平台与产品评测》团体标准研制、起草工作。旨在进一步探索知识产权领域的数字化转型与数字科技应用，尽快建立起一套适合中国国情、满足国内NFT行业长期健康发展需要的相关团体标准。

2021年10月，NFT行业首个自律公约发布。由国家版权交易中心联盟牵头，中国美术学院、浙江省杭州互联网公证处、蚂蚁集团、京东科技、腾讯云等共同发布《数字文创行业自律公约》（以下简称《公约》），旨在强化行业自律，建立良性的数字文创行业发展生态，助力中国文创产业发展。

《公约》指出，要坚守区块链技术服务数字文创产业发展初心，为数字文创作品确权及流转提供创新解决方案，让创作者的作品能更好触达市场，促进原创文化行业繁荣发展。充分运用区块链技术保护链上数字文创作品版权，保护创作者合理权益。其中，抵制炒作是《公约》的重要共识。

2022年10月，全国首个《发行NFT数字藏品合规操作指引（2022版）》发布，该合规操作指引由广东省互联网协会区块链专业委员会、广东中科智能区块链技术有限公司、泰和泰（广州）律师事务所承担责任编制，广东省广东移动区块链技术行业应用工作组等组织机构共同联合编制，旨在为发行NFT数字藏品服务的行业提供客观、守法、合规、有序的指引，服务社会、服务行业、服务人民经济，共建良性市场环境。

其中指出，铸造发行NFT数字藏品的企业、平台需具备如下备案、资质或许可，铸造发行 NFT 数字藏品的艺术品经营单位平台需由第三方进行评估或审查，若铸造和发行 NFT 数字藏品的发行人是单位，需具备合法且有效的营业执照等行业标准。

6.4　NFT的金融风险监管

严格意义上来说，NFT 作为非同质化的工具，很难和金融资产联系起来。尤其是，NFT 对应的是一件独特的数字资产，比如图画、音乐等艺术品，其并不具有普通金融工具的流通属性，因而很难被视为金融工具。

但不可否认的是，NFT 诞生至今从来不是"纯艺术"的，其产生和应用都落下了"金融"的烙印。NFT 的铸造（请注意：铸造这个词）本身就具有发行金融资产的意味；NFT 的购买往往也与艺术品数字资产本身的价值脱离（更遑论该资产底层元素的某些权利）；NFT 的流通也并不关注于数字化资产的艺术属性。因此，我们很难说 NFT 无关于金融。

在美国，正如美国证券交易委员会（SEC）委员赫斯特·皮尔斯（Hester Peirce）曾在公开场合发表的讲话："由于 NFT 是不可替代的，因此通常情况下它不会符合证券的定义。"但是，SEC 同时认为，如果向公众提供 NFT，并承诺其具有流动性及发行人会提供其他服务，以此来增加 NFT 的价值，此类 NFT 可能会被认定本质为投资性质，只是披上了一层虚拟属性的外衣，从而进一步认定其为证券。

类似地，即便作为区块链胜地的新加坡，至目前为止，也仍然没有明确的法律指引规定NFT。但是，如果NFT产品并非挂钩实物，其本质为投资属性，那么就会被认定为证券，要受到新加坡金融管理局的监管。

我国法律也并未涉及对NFT的明确监管。《中华人民共和国证券法》第二条规定在中华人民共和国境内，股票、公司债券、存托凭证和国务院依法认定的其他证券的发行和交易，适用本法。因此，在上述范围之外的NFT，并不属于"证券"的范畴。但是，不属于"证券"并不等于可以随意发行和流通，一旦NFT具有金融工具的性质，仍然可能被限制或者禁止。

2022年4月13日，中国互联网金融协会、中国银行业协会、中国证券业协会又发布了一个倡议，即《关于防范NFT相关金融风险的倡议》，指出要坚决遏制NFT金融化证券化倾向，强调未来的方向是赋能实体经济，不会发挥金融属性。根据该倡议，我国对于NFT发展，倡导践行科技向善理念，合理选择应用场景，规范应用区块链技术，发挥NFT在推动产业数字化、数字产业化方面的正面作用。确保NFT产品的价值有充分支撑，引导消费者理性消费，防止价格虚高背离基本的价值规律。保护底层商品的知识产权，支持正版数字文创作品。真实、准确、完整披露NFT产品信息，保障消费者的知情权、选择权、公平交易权。另外，坚决遏制NFT金融化证券化倾向，从严防范非法金融活动风险（如NFT底层商品中不得包含金融资产、不得变相开展代币发行融资、不以虚拟货币作为NFT发行交易的计价和结算工具等）。

除中央层面外，地方政府也对NFT进行了规范。福建省地方金融监督管理局近期发布了《福建省清理整顿各类交易场所工作小组关于防范 NFT 违规风险的提示函》，明确指出"福建省内交易场所不得擅自上线 NFT 相关交易品种、违规从事 NFT 相关交易"。

6.5　NFT的发行和交易平台监管

除可能的金融监管之外，NFT 的铸造和流通可能涉及网络平台的监管。

其一，根据不同情况，可能需要取得增值电信业务经营许可证或者非经营性网站的备案。根据《电子商务法》以及《互联网信息服务管理办法》的规定，从事经营性互联网信息服务，应当向省、自治区、直辖市电信管理机构或者国务院信息产业主管部门，申请办理互联网信息服务增值电信业务经营许可证。如果平台通过铸造 NFT 和 NFT 流通的，需要取得该证。若平台以竞价拍卖的形式发售，还应当取得拍卖许可，或与取得拍卖许可的拍卖公司合作，进行拍卖活动。如果平台是非经营性的（比如公益性质发行 NFT），需要取得非经营性网站的备案。

其二，区块链平台的登记。按照《区块链信息服务管理规定》要求，对平台进行备案登记。《区块链信息服务管理规定》规定，区块链信息服务提供者应当在提供服务之日起十个工作日内，履行备案手续，通过国家网信办区块链信息服务备案管理系统进行备案。由于 NFT 也是基于区块链技术产生和运营的，因此需要取得区块链信息服务提供者的备案。

其三，根据 NFT 指向的数字资产，可能涉及《网络出版服务许可证》《信息网络传播视听节目许可证》或《网络文化经营许可证》。

虽然，NFT 并不关注其所指向的数字化资产的作品类型：无论是美术作品、音乐作品、影视作品或计算机游戏，其在数字化环境中不过是一堆二进制代码，与 NFT 铸造的机制无涉。但是，从法律意义上，数字化资产上链后通过 NFT 的发行，也应当被视为基于网络的传播，因此，严格来说，根据该数字资产的性质，相应的 NFT 铸造和流通平台可能需要取得网络出版物、视听节目或网络文化产品的平台经营资质。

6.6 元宇宙的监管建议

当前，我国对于数字藏品没有明确的法律约束和监管规定，因此数字藏品交易存在交易平台无序进入市场和交易双方权利义务无法明确、保障的窘境。结合目前我国数字藏品的行业现状，分别从数字藏品平台市场准入条件、运营规范、相关资格审查等方面提出监管建议。

6.6.1 发行人平台准入条件

6.6.1.1 企业规模

为保障进入市场数字藏品发行平台基本的持续运营能力，主体企业应当具备适合展开该业务的基本条件，包括对企业成立时间、资本规模、员工人数、从业资格等设置要求，参考条件建议：

（1）成立时间：企业成立时间应当在 1 年以上。

（2）注册资金：注册资金在一定数额以上并完成实缴。

（3）员工人数：企业在知识产权、技术、安全、运营等专人专岗配置，参保员工不少于特定人数。

（4）从业资格：关键专业岗位人员具备职业资格。

6.6.1.2 互联网经营合规

数字藏品平台适用互联网经营的相关法律、法规，在用户信息安全、网站数据安全、内容安全及资产安全等板块应当具备完善的技术架构、制度、流程和人员配置。主要要求建议如下：

（1）用户信息安全：用户注册及信息登记的严格流程、用户实名信息的管理和保护机制、密码找回机制。

（2）网站数据安全：公司办公及研发网络的管理制度、数据存储架构及管理制度、与国际互联网的隔离管理制度。

（3）内容安全：对文本、图片、视频、音频等所有格式内容进行涉黄、暴恐、广告等所有违禁内容审核的管理流程和技术架构。

（4）资产安全：对数字藏品发行人/机构的数字藏品铸造流程、合约审查和密钥管理制度，对数字藏品收藏用户的平台账号管理和公私钥托管制度。

6.6.1.3 实现藏品唯一性

基于区块链技术应用的数字藏品对购买者的基本权益保障是每件藏品上链标识的唯一性，数字藏品平台应从链选型、合约管理和公私钥管理等板块来保证技术实现。

（1）区块链选型：对底层区块链系统的情况介绍包括运营主体、节点分布、区块链浏览器等。

（2）合约管理：对数字藏品铸造合约和购买者交易合约的审计和风控制度。

（3）公私钥管理：公私钥数据管理应当支持链托管、平台托管、用户自管三种模式，并对应相应的购买者权益保护制度。

6.6.1.4　藏品合规

进入市场的数字藏品平台应当具备一定的藏品资源，保证权益的合规。

（1）藏品资源：数字藏品平台应具有一定数量的授权资源或自己拥有资源，且授权资源或自有资源须具有较高的艺术价值、收藏价值或实体权益。在授权资源数量要求上可以参考其他行业，如其他主管部门过往在审批发放网络文化经营许可（音乐类）时，要求运营平台提供4个以上的音乐人或音乐机构的授权以证明平台具备基础的合作资源。

（2）权益合规：对授权方与授权标的之间，授权方与平台之间，关于产权、使用权、收益权的具体说明及证明要清晰、合规和完备。

6.6.2　运营规范

6.6.2.1　创作者模式的管理

数字藏品的核心价值之一是为创作者提供创作利益回报的持续性，数字藏品平台对创作者应当提供合作机制和技术保障。

（1）合作机制：对创造者在平台的注册/登记及作品创建的管理制度。

（2）技术保障：基于智能合约的作品在后续交易流转中对创造者利益的保障。

6.6.2.2　交易模式的管理

数字藏品具有文化消费商品的属性，后续可以允许探索合法、合规的正常交易流转，但应当对数字藏品作为NFT的交易模式和金融风险防范提供说明。包括：

（1）交易模式管理：对 NFT 交易平台设立资格、挂牌要求、交易方式、定价方式，藏品流转平台流程和链上流程等制定管理细则。

（2）金融风险防范：未来对 NFT 交易平台的集中交易、持续挂牌交易、合约交易等违规金融行为须制定防范措施，包括设立风险准备金制度。

6.6.2.3 联盟链运营的管理

鼓励区块链运营机构对数字藏品在资产数字化、所有权等方面提供技术和安全保障，但应当在代码管理、节点管理、版权保护、金融安全防范和业务数据存储上有完整的保障机制。

6.6.3 资格审查

数字藏品平台及数字藏品交易流通市场的监管思路须依照国家对于数字资产的买卖行为和交易秩序做出规范。

6.6.3.1 对发行平台的备案审查

根据中国国情和国家鼓励数字资产发展的政策，结合各方的利益均衡，对数字藏品平台（数字藏品的发行人）采取备案审查制度，是一个比较现实的选择。

目前，数字藏品产业方兴未艾，自进入 2022 年 5 月以来，市场出现大面积平台涌现，为了规范引导数字藏品产业的健康发展，建议适当采取比较中性的监管思路。

根据现行法律规定，数字藏品平台须参照相关法律资质和条件（参见 4.8.2），在所在业务经营范围内进行相关许可申请或备案。如数字藏品平台退出市场，须履行备案撤销程序，以保护用户合法权益。

6.6.3.2　对交易发行机构的许可审查

根据我国现行数字藏品规范指引文件，结合我国对金融风险强监管的国情，数字藏品的发行应当进场交易，数字藏品属于数字资产的类证券化产品，数字资产证券化交易场所须履行国家特别许可制度。

上海市人民政府办公厅于 2022 年 7 月印发的《上海市数字经济发展"十四五"规划》，明确要"支持龙头企业探索 NFT（非同质化代币）交易平台建设，研究推动 NFT 等资产数字化、数字 IP 全球化流通、数字确权保护等相关业态在上海先行先试"。

根据现行法律规定，数字资产证券化交易场所须满足数据安全功能，履行个人信息保护的主体责任。交易所的法律主体职责有：

（1）规范数据处理活动，包括数据的收集、存储、使用、加工、传输、提供、公开等。

（2）建立健全数据安全治理体系，保障数据安全。

（3）加强风险监测，发现数据安全缺陷、漏洞等风险时，应当立即采取补救措施等。

（4）处理个人信息应该遵循合法、正当、必要和诚信原则，不得通过误导、欺诈、胁迫等方式处理个人信息。

（5）处理个人信息应当具有明确、合理的目的，并应当与处理目的直接相关，采取对个人权益影响最小的方式。

（6）不得非法收集、使用、加工、传输他人个人信息，不得非法买卖、提供或者公开他人个人信息等。

第7章 文化元宇宙

7.1 文化博物馆NFT发展进程和国内外现状

7.1.1 收藏品、艺术品类NFT交易占据市场大部分份额

近年来数字藏品是NFT应用落地最快的场景之一，国内外多家博物馆也开始探索NFT数字藏品业务。截至2022年2月，大英博物馆、乌菲兹美术馆、冬宫博物馆等国际知名馆纷纷推出NFT数字藏品，国内也有近30家博物馆参与，包括中国国家博物馆、上海博物馆和西安博物院等。

在数字藏品的类型和定价上，国外馆主要选择知名平面画作铸造NFT，定价多在1000元人民币以上，甚至高达数十万元；国内博物馆偏好采用立体藏品三维建模铸造，一些美术馆也会选择平面作品铸造。除针对藏品发行NFT外，一些藏品衍生品也被铸造为NFT，如秦始皇帝陵博物院推出的"秦甲士"卡通形象。国内数字藏品的发行价大多在百元以内。无论是国外的高价还是国内的平价，博物馆NFT一经发售，通常秒空。市场对其追捧可见一斑。

在数字藏品的发行上，底层链平台提供关键技术支撑。国外主

流 NFT 大多基于公链发行，交易自由度高，二级市场流动性强。以太坊在 NFT 领域占据主流，其他区块链，如 Binance、Solana 和 Flow，最近也在 NFT 市场领域里大展拳脚。冬宫博物馆选择与 Binance 交易合作，大英博物馆 NFT 的合作伙伴是位于巴黎的初创公司 Lacolletion，意大利 4 家博物馆与伦敦一家画廊合作，展示和出售馆藏画作的 NFT。后两者的底层链均是以太坊区块。

国内 NFT 的发行平台未与境外以太坊公链连接，数字藏品大多采用互联网头部企业自行开发的联盟链发售，如阿里蚂蚁链、腾讯幻核等，且没有放开二级交易的功能。国内博物馆或自行与发行平台合作发售数字藏品，或与文创企业合作发售，抑或授权某文创企业代理发售事宜。

目前，NFT 产品类型以艺术/收藏品为主。根据 NFT 的分类，主流 NFT 项目包括艺术/收藏品、视频游戏、元宇宙和工具类。其中，艺术及收藏品在市场上独占鳌头，2021 年为 NFT 市场合计贡献 64% 的销量。除此之外，NFT 在音乐、体育等领域的应用亦方兴未艾。

7.1.2 文化博物馆NFT发展进程

7.1.2.1 从复制艺术到数字艺术

20 世纪 50 年代，波普艺术的出现对传统艺术品市场提出了挑战，波普艺术品所体现出来的重复、复制等新特征对艺术品唯一性、独创性的传统认知进行了颠覆性的冲击。

随着数字技术、数字媒介等的不断发展，艺术品呈现出日常化、生活化的新趋势，精英艺术品与日常生活的界限被消解，大众参与的数字艺术日渐成为艺术品市场的主流。

A. 可复制艺术品

艺术复制根本是现代性流通系统中的现象。我们可以将现代性理解为是一种前所未有的流通、运动与传播系统的出现，这种流通席卷资本主义体系包括了从商品市场、交通工具到货币、电报电话，甚至摄影、电影、画报、艺术复制品等符号文化领域的方方面面。以波普艺术为代表的复制艺术品的出现，为数字艺术品的流行奠定了基础。

B. 数字艺术品

数字艺术是纯粹由计算机生成、既可通过互联网传播又可在实体空间展示、能够无限复制并具有互动功能的虚拟影像或实体艺术。它源于1985年，发展至今已有近四十年的历史，数字艺术的真正起点要从计算机艺术算起。

1952年，美国数学家、艺术家和绘图员本·拉波斯基（Ben Laposky，1914—2000）使用早期的计算机和电子阴极管示波器创作了他的名为《电子抽象》的黑白电脑图像作品。

本·拉波斯基使用受控制的电子灯照射到CRT示波器的荧光屏上，产生各种数学曲线，他把这些显示在示波器屏幕上的电子振动使用高速胶片将获取的图像拍摄下来，通过加入变速电动旋转过滤器给图案上色，使之成为彩色作品，这种看上去酷似现代艺术中的抽象艺术作品，形成了世界上第一幅计算机"艺术"作品（图7-1）。

7.1.2.2 从数字博物馆到加密艺术

（1）数字博物馆：在新冠肺炎疫情仍然在全球持续蔓延的当下，数字化对于博物馆发展来说显得更为迫切与重要。

以敦煌博物馆为例，"通过新媒体让文化遗产被更多人看到，是我们的发展方向"。敦煌研究院院长赵声良谈起文博机构如何推进数

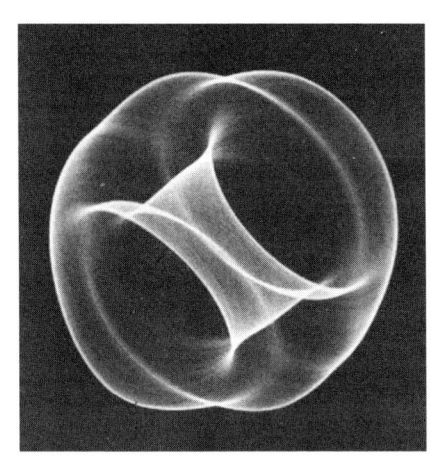

图 7-1 本·拉波斯基黑白电脑图像作品

字化时如是说。敦煌研究院在数字化探索的道路上迈出更大步伐。

无论是 3D 打印（三维打印）出洞窟框架、1∶1 还原莫高窟真实场景，还是利用数字化投影，动态展示壁画效果，"活"起来的敦煌都受到参观者的交口称赞，组织外地展览的次数也增加至每年十余次。

除此之外，云展览、云演艺也成为数字博物馆在建设过程中的一个重要举措，随着场景城市、元宇宙等新媒体技术概念的不断提出，线上沉浸式文博的建设也将迎来全新的发展机遇。

5G 技术的突破，将开拓全新的传播形式，2020 年博物馆受到疫情影响线下展览举步维艰，在这样的困境之下实时交互连麦、长时间云展览直播互动成为博物馆新消费形式，未来的博物馆生态将会进一步向深互动、全场景、立体化升级迭代。

虚拟现实（VR）、增强现实（AR）技术不断突破，随着 VR 可穿戴设备的普及，将颠覆数字博物馆以第三视角参观为主的传播样态，全景化、交互式的社交传播场景将成为数字博物馆建设的新趋势。

（2）加密艺术：加密艺术是与区块链技术相关的一类艺术。目前主要通过NFT方式，将传统的艺术品或数字艺术品铸造在区块链上，实现艺术品的加密、持有和流通。

加密艺术品与传统艺术品相比，更能够保证艺术品的独一无二性，并能对其创作者及历任所有者做出明确的辨识。因其所有权唯一、表现形式独特、具有数字稀缺性的特点，加密艺术品通常被赋予额外价值，也被认为是一种数字资产。

艺术家基于互联网思维进行艺术构思，使用互联网、区块链技术开展艺术创作，艺术作品完全通过线上链上的方式交易与存储。这是加密艺术品相比传统艺术品产生额外价值的基础。

2021年以来，加密艺术得到国际国内艺术界越来越高的关注度。作为加密艺术的重要表现形式，NFT艺术品自2020年到2021年发展势头迅猛。

短短一年多的时间，以加密朋克（Crypto Punks）为代表的NFT艺术品在国际艺术品拍卖市场掀起一股巨大的热潮。

7.1.3 文化博物馆NFT的价值优势

7.1.3.1 符合国内对于NFT的监管要求

NFT脱胎于以太坊的同质化代币技术，在我国监管环境下，代币已经被认为具有金融属性而禁止流通，NFT作为非同质化代币虽然本质上跟代币不同，但仍然因为这种渊源而受到主管机关关注，所以对于产业应用而言，最稳妥的选择当然是将其"限定"在收藏属性，弱化交易属性，这一点跟博物馆藏品高度契合，用户对于这种NFT用户上的认知较为明确，加之可以借此传播历史文化，兼具了公益效果，所以主管机关也相对更容易接受，合规风险较低。

7.1.3.2 博物馆的官方背书有利于市场认可

通常，博物馆数字藏品是以博物馆作为发行方，或者至少取得了博物馆的合作、授权，这一点对于纯数字化的新型资产而言是一个非常好的资质背书，不少用户担心，NFT是否只是一个图片，有没有实际的价值，而且从技术角度，数字化的商品是可以无限复制的，其稀缺性如何保证，这些问题的最好回应就是引入权威机构的背书，由博物馆出面，表明这些藏品的出处，同时承诺发行数量，为藏品价格提供足够的价值支撑。

7.1.3.3 藏品本身已有的价值增信

跟其他类型的NFT藏品相比，博物馆藏品本身就有文物和审美上的价值，而且这种价值是得到公认的，否则也进不了博物馆，其他类型藏品可能还需要从设计、运营等层面找突破，但博物馆藏品完全可以省去这个环节，所以将其铸造成NFT之后发行的数字藏品，可以说是自带"产品力"，发行方和平台可以节约很多产品宣发和市场验证的成本。

从长远角度看，博物馆藏品类的NFT还是有很大发展空间的，毕竟这些博物馆藏品本来就是人类艺术的标杆，能够通过NFT技术走向大众，可谓历史、人文和科技的完美融合。也正是这个原因，博物馆数字藏品的发行日益火爆，并且已经开始出现博物馆通过数字技术搭建虚拟展馆，甚至进入元宇宙，将实体馆藏向虚拟世界迁移。

7.1.4 国内外代表项目

艺术品是目前最流行的 NFT 形式。NFT 艺术品是艺术家在网上销售他们作品的绝佳机会。现在许多最昂贵的 NFT 都是艺术品。

7.1.4.1 国内代表性项目

敦煌系列 NFT：11 月 26 日，唯一艺术平台联合敦煌美术院推出的第二期敦煌系列 NFT 上线不到 1 秒，便成功售罄，并在唯一艺术寄售市场取得了热烈反响。

这不仅对于唯一艺术平台和敦煌美术院来说是一次成功，这对于国内 NFT 行业来说，也是一次成功案例。

7.1.4.2 国外代表性项目

（1）The Merge：The Merge 是 NFT 世界中独一无二的数字艺术品，因为 The Merge 不是一件单独的作品，而是可以称为碎片化的艺术。

The Merge 由化名 Pak 的著名艺术家创作，于 2021 年 12 月 2 日至 4 日在 NFT 市场 Nifty Gateway 上出售。它以破纪录的 9180 万美元卖出——这是有史以来最昂贵的 NFT 艺术品。

The Merge 所有者并非单个人，而是由 28983 名收藏家持有。这是因为艺术品是以被称为"质量"的单位出售的。因此，截至 12 月 4 日拍卖结束时，收藏家共购买了 266445 个"质量"。销售开始时，每个"质量"的价格为 575 美元。代币的价格每六个小时上涨 25 美元。

（2）大英博物馆：大英博物馆与加密艺术平台 LaCollection 合作，以生产其部分艺术品的 NFT 版本。早在 2021 年 9 月份，两者便首次展开合作，携手推出了日本艺术大师葛饰北斋作品的 200 个 NFT 产品。2022 年又以 NFT 形式进入拍卖场的 20 幅画作，选自收藏家罗伯特·怀利·劳埃德（Robert Wylie Lloyd）于 1958 年赠予大英博物馆的 50 幅 J. M. W. 透纳（J. M. W. Turner）画作。

在这些画作最初被赠予时，原始条款规定它们不能被外借，只能在 2 月份展出两周或应特别要求展出。严格的赠予规定使得这些画成为 J. M. W. 透纳的作品中尤为难得一见的一部分。不过，若是以数字藏品的形式出现，这些画作大概就不必完全受限于上述规定了。

大英博物馆拍卖 NFT 的一大重要意义，在于它代表了博物馆的另一种创收机遇。在考虑到长期的疫情封锁对博物馆门票收入造成的严重影响时，NFT 的创收潜能变得尤为重要——据统计，2021 年，大英博物馆的门票收入急剧下降了 93%。所以，在这样的背景下，无论 NFT 拍卖所得有多少，它仍然表明了博物馆现有藏品可以产生的价值与利用其盈利的新方式。此外，NFT 形式也将助力艺术的普及与推广，帮助博物馆触及并吸引更大的观众群体。同时，在当代观众面前，那些较少露面的古老画作也将借此获得新的曝光机会，并激发新的创意与意义。

7.2 文化博物馆NFT的政策法规

7.2.1 文物保护法规政策

文物相关法律法规立足于文物保护，强调对文物的开发利用需在不损坏文物的基础上进行。

当前法律并未对文物进行拍摄、3D化使用有明确的禁止性规定。关于文物照片的拍摄,《中华人民共和国文物保护法实施条例(2017第二次修订)》第二十七条明确规定:"为制作出版物、音像制品等拍摄馆藏文物的,应当征得文物收藏单位同意,并签署拍摄协议,明确文物保护措施和责任"。另外,《文物拍摄管理暂行办法》《文物复制拓印管理办法》等相关法律法规,也重点强调文物保护措施和责任以及拍摄、复制、拓印等行为不得破坏、损毁文物。此类规定系《中华人民共和国文物保护法》(以下简称《文物保护法》)进行细化和补充。对文物照片复印件及数字化形式作品是否应按照文物标准进行保护,目前法律法规暂无明确规定。

7.2.2 馆藏文物权利归属法规政策

国务院、国家文物局以及各部委文件鼓励对文物开发和利用进行创新,深入挖掘文物资源的价值内涵和文化元素,鼓励博物馆利用数字化手段盘活博物馆藏品资源。

《博物馆馆藏资源著作权、商标权和品牌授权操作指引(试行)》对馆藏资源的著作权进行了定义:"馆藏资源著作权是指博物馆馆藏资源构成作品而依法产生的专有权利,其中包括:属于馆藏资源的作品,该作品仍处于著作权保护期内,且博物馆拥有对其处置权而获得的著作权;博物馆对馆藏资源以摄影、录像、数字化扫描等方式进行二次创作而获得的作品的著作权。"该指引明确,博物馆对馆藏资源进行摄影、录像、数字化扫描属于二次创作,并对二次创作的作品享有著作权。

7.2.3 艺术藏品NFT化相关政策

7.2.3.1 《关于防范NFT相关金融风险的倡议》

中国互联网金融协会、中国银行业协会、中国证券业协会于2022年4月13日发布的《关于防范NFT相关金融风险的倡议》(以下简称《倡议》)。

《倡议》认为,"NFT作为一项区块链技术创新应用,在丰富数字经济模式、促进文创产业发展等方面显现出一定的潜在价值"。并提到"NFT在推动产业数字化、数字产业化方面"具有"正面作用"。

NFT作为一项区块链技术创新应用,在丰富数字经济模式、促进文创产业发展等方面显现出一定的潜在价值,但同时也存在炒作、洗钱、非法金融活动等风险隐患。

对此,三协会倡议,坚守行为底线,防范金融风险:

一是不在NFT底层商品中包含证券、保险、信贷、贵金属等金融资产,变相发行交易金融产品。

二是不通过分割所有权或者批量创设等方式削弱NFT非同质化特征,变相开展代币发行融资(ICO)。

三是不为NFT交易提供集中交易、持续挂牌交易、标准化合约交易等服务,变相违规设立交易场所。

四是不以比特币、以太币、泰达币等虚拟货币作为NFT发行交易的计价和结算工具。

五是对发行、售卖、购买主体进行实名认证,妥善保存客户身份资料和发行交易记录,积极配合反洗钱工作。

六是不直接或间接投资NFT,不为投资NFT提供融资支持。

7.2.3.2 国家文物局在北京组织召开数字藏品有关情况座谈会

根据 2022 年 4 月 13 日媒体发布的消息，该座谈会中要求在文物信息资源开发利用中，文博单位要坚持公益属性。鼓励社会力量通过正规授权方式利用文物资源进行合理的创新创作，以信息技术激发文物价值阐释传播，文博单位不应直接将文物原始数据作为限量商品发售；要建立权责清晰、程序规范、统筹有力的管理制度，牢牢把握正确的意识形态导向，确保文物信息安全。消费者应选择合理合法、健康有序的收藏方式，维护自身正当权益，远离因盲目炒作产生的风险。

国家文物局数字藏品有关情况座谈会中，明确了对文物数字藏品的态度。文物数字藏品需要：①坚持公益属性；②在创建文物数字藏品时，需获得正规授权；③鼓励对文物资源进行创新创作，不应将文物原始数据作为限量商品发售；④在发售数字藏品时，要保证文物的信息安全；⑤要规避数字藏品的炒作风险。

7.3 馆藏文物铸造、发行NFT的合规要求

7.3.1 遵守国家相关规定合法铸造发行

7.3.1.1 坚持正确利用文物资源，不得恶意歪曲、篡改、丑化文物

我国《文物保护法》第七条规定：一切机关、组织和个人都有依法保护文物的义务。这就要求平台在铸造发行文物 NFT 的过程中，必须认识到文物所蕴含的特殊文化价值和精神内涵，所生产的 NFT

数字藏品不能存在恶意歪曲、篡改、恶搞文物，或将文物用于不当用途，以免伤害大众情感，违反法律法规。

针对一些具有特殊历史意义、寄托特殊民族情感的文物、建筑，各大数字藏品平台需警惕。根据我国《文物保护法》第二条第二款规定：与重大历史事件、革命运动或者著名人物有关以及具有重要纪念意义、教育意义或者史料价值的近代现代重要史迹、实物、代表性建筑等文物受到国家保护。

使用此类文物发行 NFT 不仅要重视 NFT 本身内容的客观真实性，还需对该 NFT 的文案简介、营销宣发等内容进行全面细致的审查，避免出现 2022 年某数字藏品平台的"3·15"事件。

7.3.1.2　数字藏品发售数量与定价要合理、合规

稀缺通常对应高价，数字藏品的发售数量与定价成反比关系。目前国际上一些博物馆对数字藏品的定价偏高，设定高稀缺性，推高价格。博物馆作为非营利机构，发售数字藏品的主要目的并非募集资金，而是更侧重藏品文化传播，不宜刻意制造稀缺性，挑动市场投机与过度逐利，在发行数量和定价上都应体现普惠性。博物馆数字藏品发售与银行纪念品发售有相似之处，2020 年中国人民银行印发了《普通纪念币普制币发行管理暂行规定》，文物行政管理部门也可参照，发布管理办法或指南，规范和指导博物馆数字藏品的发售数量与定价。特别注意不得将数字藏品 NFT 拆分为均等份额，不得通过集中竞价的方式对 NFT 定价。

7.3.1.3　加强交易风险管控

操纵价格和市场的情况一直在 NFT 市场中存在。一旦项目有人操盘，普通玩家被割韭菜的风险更大。2022 年 2 月 18 日，银保监

会发布《关于防范以元宇宙名义进行非法集资的风险提示》。NFT 作为元宇宙概念的重要应用，也存在虚假项目风险。

对此，需要坚持实名制与交易登记。加密货币和匿名交易增加了艺术市场投机和洗钱的风险。为稳定金融秩序，我国在发展数字藏品的过程中，应当坚持实名制，排除加密货币。在实名制和每一轮交易均有完整个人信息登记的情况下，可适度放开数字藏品购入后的交易环节，激发市场活力，带动文化艺术传播。在智能合约效力问题上，发挥法律的解释张力。

7.3.1.4 加强平台责任

平台在数字藏品 NFT 铸造和发行中扮演着关键角色。国内 NFT 平台通常与联盟链签订服务协议，通过向这些联盟链付费来给创造者制造出的"数字藏品"上链，使之成为 NFT 商品。用户通过 NFT 平台购买"数字藏品"时，平台通常会根据不同的运营方式设定不同的平台使用规则。因此，NFT 平台需要承担更多的注意义务，如警惕侵犯版权的风险，加强用户私钥安全的技术防范措施，严格遵守国家金融管理秩序等。对博物馆和涉及文物的数字藏品 NFT 铸造和发售还应当进一步提高注意义务的等级。

7.3.2 获得博物馆或权利主体授权

7.3.2.1 获得博物馆的授权

根据《文物保护法实施条例》第三十五条规定：为制作出版物、音像制品等拍摄馆藏文物的，应当征得文物收藏单位同意，并签署拍摄协议，明确文物保护措施和责任。文物收藏单位应当自拍摄工作完成后 10 个工作日内，将拍摄情况向文物行政主管部门报告。

平台在与博物馆等管理机构达成制作文物 NFT 的协议后，一般有两种方式获得制作 NFT 的素材，一种是使用由 IP 方（即文物管理机构）提供的图片、音视频文件等来制作 NFT，这也是目前绝大多数平台与文物管理机构的合作方式，省时省力；而另一种则是出于特殊目的（例如需制作超高质量 NFT，需对文物进行三维扫描等）在征得文物管理单位同意的情况下，自行获取制作 NFT 的素材。

在平台采用第二种方式自行获取文物 NFT 素材的过程中需注意：①不得损害文物；②应当征得文物收藏单位同意；③并签署拍摄协议，明确文物保护措施和责任。

需要注意的是，关于 NFT 的法律性质目前并没有相关法律规定，其是否属于《文物保护法实施条例》第三十五条规定中的"出版物"存在一定的争议。

【案例】

2022 年 4 月 20 日，北京市海淀区圆明园遗址管理处于午间 12 点发表了《关于虚拟数字藏品发行的声明》（以下简称《声明》）。在该《声明》中，圆明园管理处公开表示：圆明园管理处从未授权任何第三方开发圆明园虚拟数字藏品相关业务，任何平台上以"圆明园虚拟数字藏品"名义进行的销售、宣传、推广产品等行为均与圆明园无关。

目前有数个数字藏品平台正在发售或计划发售与圆明园有关的数字藏品，例如，圆明园海晏堂等传统建筑复原图，或是圆明园馆藏的十二生肖兽首复制品等一系列 NFT 数字藏品。那么，这种未经管理机构授权的行为是否侵犯文物管理机构的权利？如果侵权，侵犯何种权利？

【评析】

文物本身是脆弱而不可再生的文化资源，承载着我们国家和民族厚重的文化历史，利用文物铸造NFT，合法是前提，另外，须正确利用文物资源，不得恶意歪曲、篡改、丑化文物。我国目前关于文物方面的法律规定，主要见于《文物保护法》及其实施条例中，且并未赋予博物馆等管理机构任何与文物有关的知识产权方面的权利，也没有对文物知识产权作出规定。虽然目前法律没有对文物知识产权作出规定，我们也不能绝对地认为把文物做成NFT不会存在侵权风险。

7.3.2.2 注意馆藏文物是否在著作权保护期内

首先，按馆藏文物是否在著作权保护期内，可将其分为受著作权保护的文物和著作权已过期的文物。目前绝大多数馆藏文物著作权已过期，但不能排除还有小部分馆藏作品仍在著作权保护期内。根据我国《著作权法》第二十一条之规定：公民的作品，其发表权、财产权保护期为作者终生及其死亡后五十年，截止于作者死亡后第五十年的12月31日；如果是合作作品，截止于最后死亡的作者死亡后第五十年的12月31日。法人或者其他组织的作品，权利的保护期为五十年，截止于作品首次发表后第五十年的12月31日。另外需要注意的是，著作人身权中的署名权、修改权和保护作品完整权的保护期不受限制，可以获得永久性保护。

对于仍在著作权保护期内的馆藏文物，在铸造为NFT数字藏品时需仔细考察其著作权状况：博物馆是否享有该作品的著作财产权？是否可再次授予第三方？平台只有在取得合法授权的前提下才能进行铸造和开发。

7.3.3 避免使用文物原型铸造NFT

国家文物局有关司室在北京组织召开数字藏品有关情况座谈会，针对数字藏品发展现状，围绕文博机构的公益属性、数据安全、消费者权益等问题进行了深入讨论。鼓励社会力量通过正规授权方式利用文物资源进行合理的创新创作，以信息技术激发文物价值阐释传播，文博单位不应直接将文物原始数据作为限量商品发售；要建立权责清晰、程序规范、统筹有力的管理制度，牢牢把握正确的意识形态导向，确保文物信息安全。消费者应选择合理合法、健康有序的收藏方式，维护自身正当权益，远离因盲目炒作产生的风险。

也就是说，目前我国监管机构对NFT数字藏品的态度基本是：鼓励与引导。在意识到NFT和数字藏品作为新时代文创产品的巨大价值后，监管机构的思路逐渐转变为强化其文化属性，抑制其金融属性。而强化文化属性的方式就是通过鼓励利用文物资源进行二次创作的方式产生具有新的艺术价值的NFT数字藏品，直接用文物原型发NFT和数字藏品不仅不被鼓励，甚至有可能被限制。

目前还是有不少平台正在销售文物原型的NFT，其中就包括在未经圆明园授权的情况下发售马首、龙首等圆明园馆藏文物的平台。用其刚刚销售完的马首NFT举例，该平台所上线销售的是圆明园马首的原样复制品，不仅有兽首头像，还有下半部分的人身，这就属于典型的直接使用文物原型发NFT的情形。为避免陷入不必要的麻烦，各平台应当逐渐避免直接使用文物原型铸造发行NFT。

第8章 文化元宇宙产业全球状况分析

2021年被称为元宇宙元年。迄今为止,全球文化产业已对元宇宙进行了多层面的战略布局。本研究选取全球文化100强公司作为研究对象[①],将元宇宙产业链分为核心链与衍生链两大板块,在确定元宇宙战略布局分析框架的基础上,从消费体验层、创作开发层、通用技术层、交互硬件层和基础设施层四个方面对全球文化传媒百强元宇宙战略布局与国家格局现状进行了梳理与分析。

8.1 元宇宙战略布局分析框架

8.1.1 国外有关元宇宙布局的分析框架

8.1.1.1 马瑟斯·鲍尔的分析框架

美国著名投资人马瑟斯·鲍尔(Mathew Ball)提出了元宇宙产业体系的八个构成,分别是硬件、网络、计算、虚拟平台、交换工具

---

① 本研究所指的全球文化100强来源于世界媒体实验室《世界媒体500强》排行榜和华东政法大学臧志彭教授主编《全球文化创意产业上市公司发展报告》(中国社会科学出版社)中确定的全球文化100强公司名单。

和标准、支付、内容、服务和资产、用户行为，见图8-1。该框架获得了产业界的普遍共识。

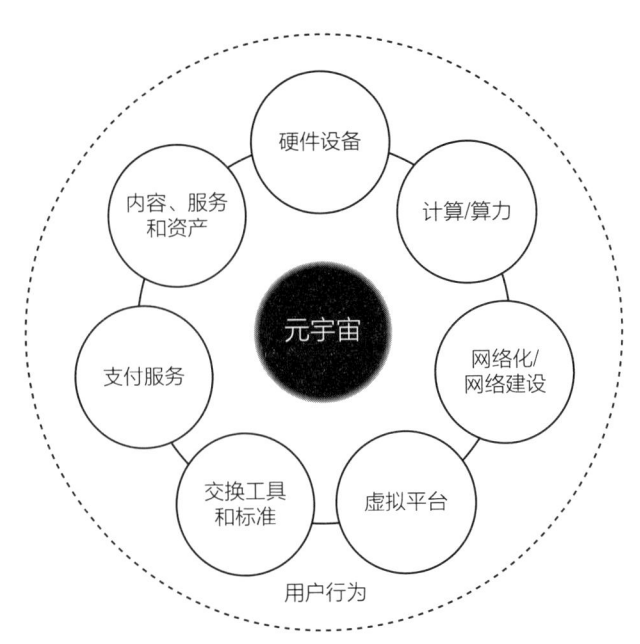

图 8-1 马瑟斯·鲍尔的元宇宙分析框架

图片来源：马瑟斯·鲍尔绘制。

8.1.1.2 乔恩·拉多夫的分析框架

游戏行业知名企业家乔恩·拉多夫（Jon Radoff）提出了元宇宙价值链的七大环节，分别是体验、发现、创作者经济、空间计算、去中心化、人机交互、基础设施。该框架也获得了广泛认可（图8-2）。

8.1.2 本研究对元宇宙布局的分析框架

在上述国外两位业界专家分析框架的基础上，本研究提出了关于全球产业元宇宙战略布局的分析框架。本研究认为，整个元宇宙产业

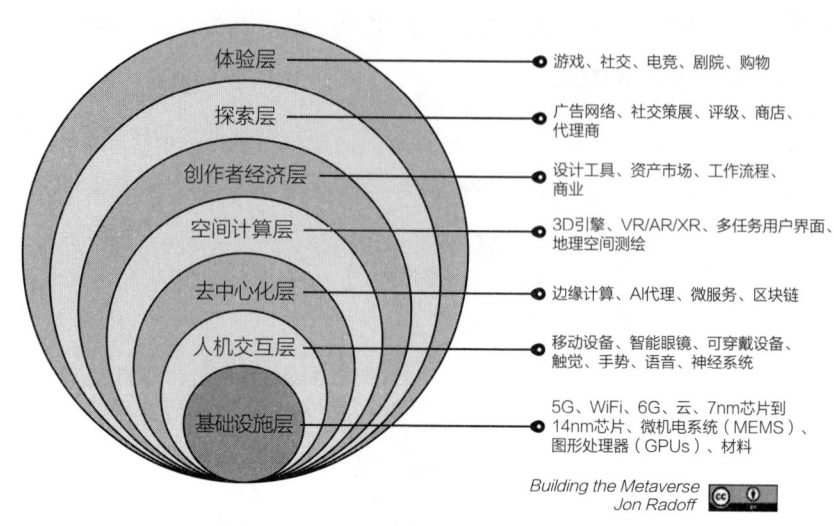

图 8-2 乔恩·拉多夫的元宇宙分析框架

资料来源：乔恩·拉多夫绘制。

链可以分为两大板块：一是元宇宙核心产业链，二是元宇宙衍生产业链。如图 8-3 所示。

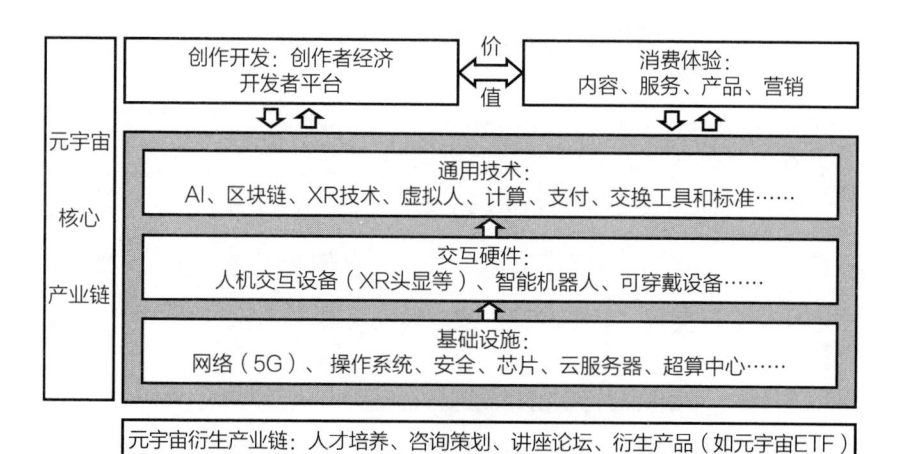

图 8-3 全球文化产业元宇宙战略布局分析框架

（1）基础设施行业端：位于核心产业链的最底层，包括5G网络、操作系统、网络安全、芯片、云服务器和超算中心等。

（2）交互硬件行业端：位于基础设施上端，主要包括人机交互设备、智能机器人、可穿戴设备等能够实现人与元宇宙世界进行交互的各类硬件设备。

（3）应用型通用技术端：指的是在元宇宙新的空间里所构建的任何一个应用，都会用到的应用层面的通用型技术，具体包括人工智能、区块链、沉浸式技术、虚拟人技术、计算、支付技术等。

基础设施、交互硬件、通用技术这三层构成了整个元宇宙产业发展的基础底座。在此基础上，按照供需两端可以进一步分成两类：

（4）创作开发端：实际上包含了内容创作者和应用程序开发者两大类主体，创作开发端是指为创作者、开发者提供的元宇宙经济系统里的创作空间和开发平台。

（5）消费体验端：主要是指为全世界消费者提供的元宇宙相关的内容、服务、产品及相应的营销体验等。

创作开发端与消费体验端能够在元宇宙产业链基础底座的支撑下进行频繁的创新价值交换，形成元宇宙空间的网络效应。

以上五个产业链端是元宇宙核心产业链的组成部分。在核心产业链的基础上，实际上又衍生出了一些新的元宇宙相关产业链，例如元宇宙人才培养、元宇宙项目策划咨询、讲座论坛，以及元宇宙金融衍生产品开发等。

下面，笔者将在该分析框架的基础上，从战略认知、产业链布局、合作网络和资源投入几个方面分析全球文化产业元宇宙战略布局的情况。

8.2 全球文化百强元宇宙战略认知

8.2.1 全球文化百强对元宇宙的战略认知

（1）谷歌公司：谷歌首席执行官桑达尔·皮查伊（Sundar Pichai）在接受彭博社采访时提出，元宇宙本质是沉浸式计算，而谷歌可以通过其在云计算领域的优势地位将其强大的 AI 能力传输给有相关需求的用户，元宇宙会通过 AR 技术提升计算的沉浸感，并且会开启各种沉浸式、交互式虚拟的多样化体验，其重心在于关注 AR 技术和沉浸式计算。[①]

（2）Meta 公司：元宇宙是移动互联网的"继任者"，是融合虚拟现实技术，用专属硬件设备打造一个具有超强沉浸感的社交平台，是一个社交网络的混合体，强调从社交网络的角度认识、拓展和建构元宇宙。马克·扎克伯格（Mark Zuckerberg）认为，技术赋予人们更自然地联系与表达自我的能力，从文字到照片，再到视频，下一代平台将实体化互联网，用户能身临其境，而不是仅仅看着它，这就是元宇宙。在元宇宙中，用户几乎可以做任何能想象到的事情，与朋友、家人聚在一起，工作、学习、玩耍、购物、创造，以及那些可能完全不符合我们今天对电脑或手机看法的全新体验。未来，用户将能以全息影像的形式瞬间传送到各处，无须通勤；今天的实物未来也有可能只是全息影像。元宇宙不会由一家公司创建，它将由创造者、开发者构建，创造具有互操作性（不同系统、网络、应用信息共享的能

[①] 元创元宇宙《国际互联网巨头布局元宇宙——谷歌篇》，https://baijiahao.baidu.com/s?id=1724194260476430904&wfr=spider&for=pc，2022.02.08。

力）的新体验与数字项目，相比当今平台及其政策限制，将开启更大的创意经济。该公司在此旅程中的作用，是加速基础技术、社交平台、创意工具开发，将元宇宙带入生活，并将这些技术编织进我们的社交媒体 App 中。①

（3）迪士尼公司：元宇宙是物理和虚拟体验的融合，强调物理世界和数字世界的结合来打造元宇宙。迪士尼公司将元宇宙和 Web3.0 视作"下一代叙事方式"，虽然其元宇宙战略细节仍处于模糊状态，但从其相关表态与举措中可以清晰看出迪士尼公司对于元宇宙的决心与期待。迪士尼在 2020 年 11 月就透露了自己的元宇宙战略。迪士尼乐园、体验和产品（DPEP）数字与全球前首席执行官、执行副总裁 Tilak Mandadi 曾披露迪士尼元宇宙战略：用人工智能、虚拟现实、机器人、物联网等技术，将虚实共生的园内外整体体验向更高层级的沉浸感和个性化推进。②今年 2 月，迪士尼首席执行官鲍勃·查佩克（Bob Chapek）在接受 CNBC 采访时强烈表达了他对虚拟世界的兴趣，称元宇宙为迪士尼创意人员的"画布第三维度"。在一份给员工的备忘录中，他写到，元宇宙是有待探索的"下一个伟大的讲故事的前沿领域"。他将元宇宙描述为"追求我们的战略支柱——卓越的讲故事、创新和关注观众的完美场所"。③

（4）腾讯公司：任何让虚拟世界变得更为真实，或者通过虚拟

---

① 参见网易新闻《扎克伯格公开信：为了元宇宙，我们更名为 Meta》，https://www.163.com/dy/article/GNGC61DA0514832l.html，2021.10.29.

② 参见面对元宇宙，迪士尼早已抢先布局_【快资讯】https://www.360kuai.com/pc/9bdd408b9efd9cad1?cota=3&kuai_so=1&sign=360_7bc3b157.

③ 参见 Disney appoints executive to oversee metaverse strategy - BBC News https://www.bbc.com/news/business-60398056.

技术让真实世界更加丰富的技术，都可能成为元宇宙概念的一部分。在腾讯2021年度第四季度及全年财报的电话会议中，腾讯首席执行官马化腾表示："对现在比较热的元宇宙概念，腾讯更多的是从'数实融合'的角度来看，而不是纯虚拟的，比较关注全真互联网的概念。"[①] 在2021年第三季度财务报告电话会上，腾讯总裁刘炽平对元宇宙的表述是："元宇宙是一个令人激动，却也相对模糊的概念，从较高的角度审视这个领域，任何让虚拟世界变得更真实，或者通过虚拟技术让真实世界更加丰富的技术，都可能成为元宇宙概念的一部分。所以腾讯认为这个概念可以为游戏和社交网络行业增添新的增长机会，如果还能开发商务方面的应用，也会为商务市场带来增长机遇。"[②]

8.2.2 全球文化百强元宇宙认知词频大数据分析

通过对全球文化百强的公开资料，包括领导讲话、上市公司公开年报、相关新闻报道中提及的关于元宇宙的认知资料进行词频大数据的分析，形成了如图8-4所示的全球文化百强元宇宙认知词频图。

通过词频大数据分析能够注意到，全球文化产业对元宇宙的战略认知形成了在一系列高频词，包括元宇宙、VR、AR、Web3.0、NFT、手机、游戏、硬件、虚拟人、信息化等。这说明全球文化产业对于元宇宙的战略认知达成了基本共识。

---

① 参见和讯网《元宇宙新鲜事｜马化腾称关注全真互联网概念中国移动董事长称已开启元宇宙研究》，https://baijiahao.baidu.com/s?id=1728180127104450509&wfr=spider&for=pc，2022.03.24.

② 参见黄泽正，《关于腾讯元宇宙的10个事实和7个猜想》，https://m.thepaper.cn/baijiahao_16833601，2022.02.24.

第 8 章 文化元宇宙产业全球状况分析

图 8-4 全球文化百强元宇宙认知词频图

8.3 全球与中国文化元宇宙消费体验层战略布局

8.3.1 文化产业元宇宙体验项目总体布局状况

通过对全球文化百强元宇宙相关消费体验项目的归类、整理和排名，消费体验项目呈现出如表 8-1 所示的布局。可以看到，在所有消费体验项目中，NFT 是全球文化公司布局最多的项目，占比超 25%；第二是游戏元宇宙，占比 11.79%；第三是影视元宇宙，占比近 10%；第四是元宇宙虚拟人、音乐元宇宙，频次占比超过 5%；第五，办公、社交、营销、综艺节目元宇宙占比 3.08%；此外，金融、教育、新闻、动画等各领域的元宇宙消费体验项目都有一定的布局。

表 8-1 全球文化百强元宇宙消费体验项目布局

布局热度	消费体验项目	布局频次占比
1	NFT（数字藏品）	25.64%

147

续表

布局热度	消费体验项目	布局频次占比
2	游戏元宇宙	11.79%
3	影视元宇宙	9.23%
4	元宇宙虚拟人	7.18%
5	音乐元宇宙	6.15%
6	办公元宇宙	3.08%
7	社交元宇宙	3.08%
8	营销元宇宙	3.08%
9	综艺节目元宇宙	3.08%
10	金融元宇宙	2.56%
11	体育元宇宙	2.56%
12	会展元宇宙	2.05%
13	教育元宇宙	2.05%
14	旅游景区元宇宙	2.05%
15	演艺元宇宙	2.05%
16	元宇宙体验空间	2.05%
17	IP元宇宙	1.54%
18	新闻元宇宙	1.54%
19	动画元宇宙	1.03%
20	主题公园元宇宙	1.03%

8.3.2 文化产业元宇宙体验项目战略布局的国家格局对比

在国家比较层面，通过对美国、中国、日本、英国四国文化产业元宇宙消费体验项目进行汇总排名，得出了各国不同的布局情况，如表8-2所示。

美国文化产业的NFT体验项目布局频次达31%，位列第一；其次是游戏元宇宙和影视元宇宙，分别占比 16.16% 和 12.12%；音乐元宇宙布局也较多。此外，美国文化公司在金融、办公、新闻、教育、虚拟人、会展等多方面均有涉猎开发，项目内容丰富。例如 Meta 在其开发的 Horizon 平台同时布局了社交、办公、音乐、体育、影视元宇宙多个项目，能够使用户在该平台上拓展各领域的消费体验。

表 8-2　美国、中国、日本、英国元宇宙消费体验项目布局

布局热度	美国	中国	日本	英国
	消费体验布局	消费体验布局	消费体验布局	消费体验布局
1	NFT（数字藏品）	元宇宙虚拟人	NFT（数字藏品）	综艺节目元宇宙
2	游戏元宇宙	NFT（数字藏品）	营销元宇宙	NFT（数字藏品）
3	影视元宇宙	游戏元宇宙	游戏元宇宙	游戏元宇宙
4	音乐元宇宙	社交元宇宙	元宇宙虚拟人	影视元宇宙
5	体育元宇宙	教育元宇宙	旅游景区元宇宙	元宇宙体验空间
6	金融元宇宙	综艺节目元宇宙	会展元宇宙	旅游景区元宇宙
7	办公元宇宙	影视元宇宙	社交元宇宙	体育元宇宙
8	IP 元宇宙	音乐元宇宙	演艺元宇宙	动画元宇宙
9	新闻元宇宙	元宇宙体验空间	金融元宇宙	纪录片元宇宙
10	社交元宇宙	演艺元宇宙	休闲元宇宙	—
11	主题公园元宇宙	办公元宇宙	电商元宇宙	—
12	运动健身元宇宙	新闻元宇宙	城市元宇宙	—
13	元宇宙虚拟人	主题公园元宇宙	—	—
14	元宇宙体验空间	营销元宇宙	—	—
15	营销元宇宙	会展元宇宙	—	—
16	演艺元宇宙	智能汽车元宇宙	—	—
17	教育元宇宙	文物艺术品元宇宙	—	—

续表

布局热度	美国	中国	日本	英国
	消费体验布局	消费体验布局	消费体验布局	消费体验布局
18	会展元宇宙	旅游景区元宇宙	—	—
19	广播元宇宙	节庆活动元宇宙	—	—
20	动画元宇宙	党建元宇宙	—	—

中国文化公司布局最多的项目是元宇宙虚拟人，占比达22.22%。蓝色光标传播集团在元宇宙虚拟人方面进行了很多尝试，开发了服务型、偶像型、直播型虚拟人，为一些品牌打造了虚拟IP形象、虚拟代言人、虚拟创意人等；布局第二位是NFT，频次占比达20%，腾讯、爱奇艺、百度、网易等国内知名公司均发布了一些数字藏品；下面依次是游戏、社交、教育元宇宙，占比均超过5%；此外在影视、音乐、演艺、党建元宇宙等数十项项目上也有布局。

日本文化公司布局最多的项目也是NFT，其次是营销元宇宙和游戏元宇宙，在元宇宙虚拟人、旅游景区元宇宙、会展、社交、演艺元宇宙等项目上也有一定布局。而英国文化公司布局最多的是综艺节目元宇宙，例如英国BBC制作了一档名为《虚拟家庭》的节目，全程利用VR虚拟现实技术展示全新的、最前沿的装修资讯，报名参与者能够在VR场景里规划梦想设计并进行模拟施工；此外，英国文化公司在NFT、游戏元宇宙、影视元宇宙等热门领域也有布局。

综合来看，可以初步得出以下几点结论：一是NFT数字藏品、游戏元宇宙是各国文化产业共同的战略布局。二是美国文化产业在元宇宙消费体验段的布局战线最长，中国仅次于美国，日本、英国相对较短。三是中国文化产业对元宇宙虚拟人方面的重视程度，在全球范围中比较看来是最高的。

8.3.3 全球文化产业细分行业元宇宙体验项目布局状况

在全球文化产业的细分行业层面，通过对互联网、电视或广播电台、媒体公关传播三类行业在元宇宙消费体验项目的布局进行汇总排名，得出了其各自的布局情况，如表 8-3 所示。

互联网行业最关注的是 NFT 的相关布局和体验项目的推出，占比达 20%；其次是游戏元宇宙，占比 13.7%；在社交元宇宙、元宇宙虚拟人、办公、金融、音乐元宇宙这几个方面投入的布局频次占比均超过 5%；此外，在音乐、影视、教育等二十余个方面均有布局，涉猎广泛。

电视或广播电台行业布局最多的是两个方面是 NFT 和影视元宇宙，分别占比 23.1% 和 19.2%；其次是音乐、综艺节目和新闻元宇宙，在动画、纪录片、体育、游戏等项目中亦有布局。而媒体公关传播行业在元宇宙虚拟人、营销元宇宙和 NFT 三个主要方面投入了较多的布局。可以注意到，这两个子行业的元宇宙消费体验项目布局与其主要业务和行业特色基本符合。

表 8-3 全球文化产业子行业元宇宙消费体验项目布局

布局热度	互联网新媒体 消费体验布局	电视或广播电台 消费体验布局	媒体公关传播 消费体验布局
1	NFT（数字藏品）	NFT（数字藏品）	元宇宙虚拟人
2	游戏元宇宙	影视元宇宙	营销元宇宙
3	社交元宇宙	音乐元宇宙	NFT（数字藏品）
4	元宇宙虚拟人	综艺节目元宇宙	会展元宇宙

续表

布局热度	互联网新媒体 消费体验布局	电视或广播电台 消费体验布局	媒体公关传播 消费体验布局
5	办公元宇宙	新闻元宇宙	旅游景区元宇宙
6	金融元宇宙	动画元宇宙	城市元宇宙
7	音乐元宇宙	广播元宇宙	电商元宇宙
8	影视元宇宙	纪录片元宇宙	教育元宇宙
9	元宇宙体验空间	体育元宇宙	休闲元宇宙
10	综艺节目元宇宙	游戏元宇宙	演艺元宇宙
11	教育元宇宙	元宇宙体验空间	游戏元宇宙
12	体育元宇宙	元宇宙虚拟人	—
13	演艺元宇宙	—	—
14	党建元宇宙	—	—
15	地理导航元宇宙	—	—
16	地球空间元宇宙	—	—
17	会展元宇宙	—	—
18	节庆活动元宇宙	—	—
19	旅游景区元宇宙	—	—
20	文物艺术品元宇宙	—	—
21	营销元宇宙	—	—
22	娱乐元宇宙	—	—
23	智能汽车元宇宙	—	—
24	主题公园元宇宙	—	—

8.4　全球与中国文化元宇宙创作开发层战略布局

在创作开发产业链端，国内外一些大的文化公司已在陆续推出一些创作开发的平台和空间，现对其布局做简要介绍。

（1）Meta公司：重点推出了四大工具性的平台Horizon Worlds、Horizon Workrooms、Horizon Home、Horizon Venues，形成了Horizon元宇宙生态圈。这四个工具分别可以帮助用户与家人和亲友交流、打造自己的社区、在线上办公室和会议室工作、参加线上音乐会、体育、戏剧等。Meta对Horizon Worlds的定义是：一个由整个社区设计和构建的、不断扩展的虚拟体验宇宙。用户可以进入其他用户构建的自定义世界和游戏，或者从头创建自己的世界和项目。Meta为创作的用户提供了基本代码「脚本块」，按照规则链接在一起，用户即可将行为附加到物体并创建复杂的交互。[1]此外，Meta还推出Presence Platform平台。Presence Platform包括Insight SDK、Interaction SDK和Voice SDK。Insight SDK帮助构建基于用户的物理空间的混合现实体验，Interaction SDK提供给开发者现成的手势交互，Voice SDK开放语音控制功能。[2]

（2）华纳传媒公司：推出了Warner Metaverse平台，旨在构建"游戏+电影+音乐+社交+电商+交易"六大板块，打造强大的元宇宙生态；华纳传媒在Palm中建立了DC宇宙。Palm是一个完全兼容以太坊的侧链，允许用户在网络上建立NFT，并在不牺牲互操作性的情况下提高交易速度。DC承诺为200 000个蝙蝠面具NFT绘制未来两年赋能的路线图。

（3）韩国Naver集团：推出了Zepeto虚拟形象社交平台，已

---

[1] 参见凤凰网科技《Meta开放虚拟世界Horizon Worlds，一起冥想、乘船、大逃杀》，https://tech.ifeng.com/c/8BraBJJl3Tw，2021.12.10.

[2] 参见凤凰新闻《元宇宙是希望，也是Facebook的一次逃亡》，https://ishare.ifeng.com/c/s/v006p26tznh05UHez1JrIQShM3Zr2XjGDMcPSJ3JD3Wa15JiHzmsw80HofDcDhOR8FCb?spss=np&channelId=hotspotDetailList，2021.10.29.

成为亚洲领先的元宇宙平台，拥有 2.6 亿用户，其中 70% 是女性。在该平台中，以 VR 技术、社交和 UGC 为基础，制作 3D Avatar，利用 AR 技术合成照片和虚拟背景，用户可以通过其 SNS 功能进行虚拟社交。桌面端创作者平台 Zepeto Studio：无专业设计背景的普通用户也成为虚拟服饰的创作者，自制服饰可在 Zepeto 上线销售获利。

（4）百度集团：2021 年 12 月 27 日，百度正式发布了首个元宇宙产品"希壤"，致力于打造一个元宇宙虚拟创作体验与社交空间。百度通过希壤元宇宙空间与众多企业和社会组织开展元宇宙战略营销合作。2022 年 1 月，灵境绿洲宣布将携手风语筑共同推出基于希壤平台的首个元宇宙春节嘉年华活动"元宇宙里过大年"。[①]百度副总裁马杰与风语筑董事长李晖宣布达成元宇宙生态共建合作伙伴关系，风语筑将作为希壤元宇宙 3D 虚拟建筑开发商承接 3D 虚拟建筑或数字空间的开发打造及运营业务。[②]百度希壤还举办了全国首场元宇宙教育（VR K12 实验室、VR 高校实验室）研讨会。

8.5 全球与中国文化元宇宙通用技术层战略布局

8.5.1 全球与中国文化元宇宙通用技术层总体布局

全球文化产业在通用技术布局方面，如表 8-4 所示，热度前五

[①] 参见东方财富网《百度希壤与风语筑、灵境绿洲达成元宇宙生态共建合作伙伴关系》，https://caifuhao.eastmoney.com/news/20220114134314772017280.

[②] 参见新浪财经《风语筑与百度宣布合作前者成为希壤 3D 虚拟建筑开发商》，http://finance.sina.com.cn/stock/estate/integration/2022-01-13/doc-ikyakumy0147400.shtml.

表 8-4 通用技术总体布局

布局热度	通用技术布局	布局热度	通用技术布局
1	区块链	19	光线追踪超强技术
2	人工智能	20	机器人技术
3	XR（VR/AR/MR）技术	21	机器学习
4	云计算	22	计算机视觉
5	数字货币	23	模拟学习系统
6	虚拟人技术	24	人机工程设计
7	语音技术	25	数据库技术
8	操作系统	26	数字版权管理（DRM）
9	交互技术	27	数字孪生技术
10	数据集成与分析	28	显示技术
11	图像技术	29	虚拟世界模拟器
12	物联网	30	虚拟数字置景技术
13	4K/8K 技术	31	虚拟引擎技术
14	传感技术	32	虚拟直播技术
15	动作捕捉技术	33	云 ERP 技术
16	多轨音频	34	智能摄像技术
17	翻译技术	35	自动驾驶
18	服务器	36	综合技术平台

名分别是区块链、人工智能、沉浸式的 XR 各种技术、云计算技术、数字货币技术。此外，对虚拟人技术、语音技术、操作系统等几十种相关技术均有布局。各项技术的具体布局占比如图 8-5 所示，区块链技术占比近 25%，人工智能和 XR 技术占比超 15%。

8.5.2 中美文化元宇宙通用技术层国家布局对比

从中美两国比较来看，如表 8-5 所示，美国文化产业布局最多

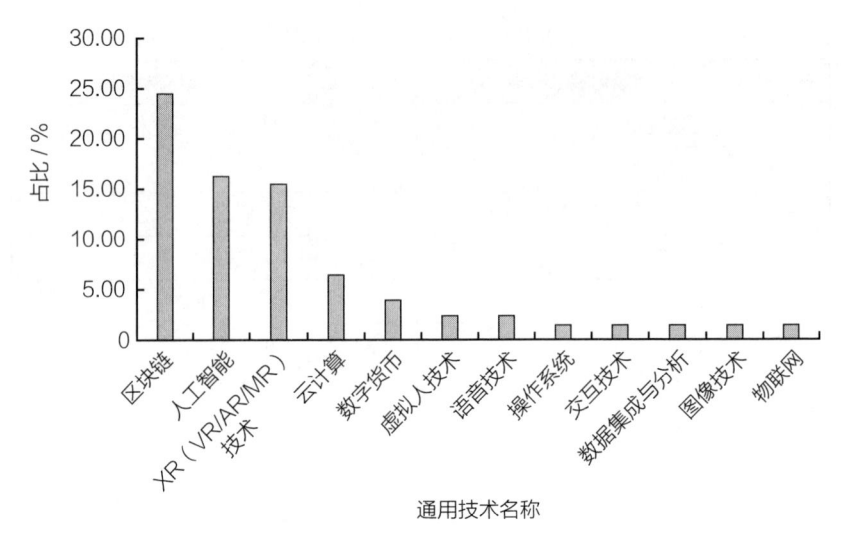

图 8-5　通用技术布局占比柱状图

的是区块链技术，尤其是在 Web3.0 领域，第二是沉浸式 XR 技术，第三是人工智能技术；而在中国，布局第一位是人工智能技术，这是中国现有的较大优势点，第二是沉浸式 XR 技术，第三是云计算技术，第四是区块链技术。

表 8-5　中美通用技术布局对比

布局热度	美 国	中 国
	通用技术布局	通用技术布局
1	区块链	人工智能
2	XR（VR/AR/MR）技术	XR（VR/AR/MR）技术
3	人工智能	云计算
4	数字货币	区块链
5	云计算	虚拟人技术
6	物联网	操作系统
7	传感技术	图像技术

续表

布局热度	美 国	中 国
	通用技术布局	通用技术布局
8	机器学习	动作捕捉技术
9	交互技术	翻译技术
10	数据库技术	服务器

8.6 全球文化元宇宙交互硬件层战略布局

交互硬件布局上，目前全球文化产业元宇宙布局频次最高的是 VR 头显，其次是 VR 眼镜、AR 头显。同时许多公司认识到 VR 头显存在较为笨重的问题，未来可能会在 VR 眼镜上投入更多的布局，开发更具前瞻性的设计与合作项目。此外，如图 8-6 所示，在 AR 眼镜、智能音箱、AR 耳机等交互硬件上也有一定布局。

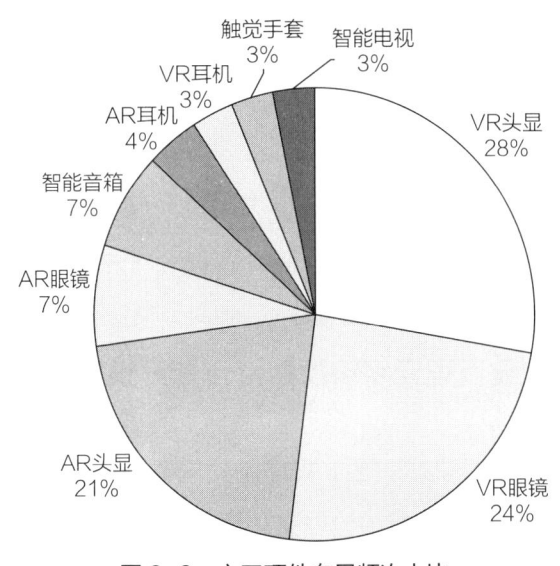

图 8-6 交互硬件布局频次占比

8.7 全球与中国文化元宇宙基础设施层战略布局

在基础设施层面的布局上，全球与中国文化元宇宙基础设施层战略布局呈现出两个重点：

一个布局重点是芯片布局，尤其是专用性芯片，这是整个全球文化产业，包括整个数字科技产业元宇宙产业链布局的战略重点。全球文化公司中，Meta 自研了 AI 芯片，其中一款 AI 推理芯片主要用于推荐算法等，另一款则主要进行视频转码任务，以提高用户观看录制和直播视频的质量；谷歌自研了 Google Tensor 芯片，采用三星 5 纳米早期低功耗（Low-Power Early，LPE）工艺制造，八核心三丛集架构；百度研发了 AI 昆仑芯片，与百度自研的深度学习框架飞桨适配，拥有软硬一体的全栈国产 AI 能力；字节跳动研发了云端 AI 芯片、Arm 服务器芯片和 AR 显示光芯片，战略投资国产 GPU 公司摩尔线程、人工智能领域专用架构处理器的希姆计算与光舟半导体。

另一个布局重点是超算中心。Meta 在西班牙托莱多地区投资超 10 亿美元建立超算中心；腾讯在上海及全国其他地方进行了超算中心的布局；阿里在乌兰察布、张家口、南通、杭州、河源五地建立了数据中心。可见，超算中心是目前文化产业布局元宇宙产业发展的重要基础设施。

8.8 全球文化百强元宇宙战略合作布局现状

元宇宙战略合作布局方面，按照前文构建的产业链分析框架进行梳理，如图 8-7 所示，目前全球文化百强在产业链各层面都进行了一定的合作布局，其中消费体验端的合作项目布局是最多的，占比超50%；其次是通用技术层面，占比达 28%。元宇宙作为技术的集成，单靠一家公司难以达成战略目标，因此大量文化公司都在与相应的技术公司、上下游产业链公司进行合作，存在明显的竞争合作关系。

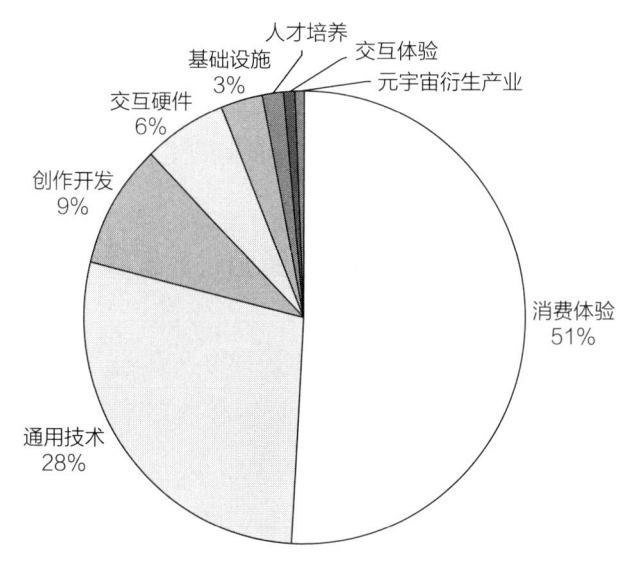

图 8-7 全球文化百强元宇宙战略合作布局

在合作形式上，全球文化公司采取了多样化的合作形式以拓展元宇宙产业链，下面列举几种主要方式。一是收购，例如谷歌通过收购 North 开发了轻量级 VR 眼镜，收购边缘计算软件公司 MobiledgeX 以应用边缘计算技术。而 Meta 公司通过收购 Ready at Dawn 游戏工作室创建大型多人在线游戏。二是战略投资，美国康卡斯特公司通过投资 IBM 公司，与其联合成立了区块链投资基金 Comcast Ventures；腾讯通过投资威魔纪元和元象思维获取了全真互联网关键技术；华纳媒体公司投资了一个 VR 直播服务公司 NextVR，可直播美国总统辩论和 NBA。三是技术合作，例如索尼公司与英超联赛冠军曼城队的技术合作，创建了首个元宇宙球场。四是内容合作，iHeartMedia 与环球音乐集团合作推出了虚拟现实音乐，向观众推出沉浸式 VR 表演和体验。五是业务合作，如法国拉加代尔集团的销售团队将向新的运动团队、联赛和体育联盟展示 Chiliz 公司及其基于区块链的粉丝互动系统 Socios。此外，在目前全球文化百强的战略合作实践中，还出现了分发渠道合作、营销合作、创作合作的新方式。

8.9　全球文化百强元宇宙战略资源投入现状

在元宇宙战略资源投入方面，本研究重点梳理了人力资源方面的投入情况，并将其分为了六个板块，如图 8-8 所示。

第一板块是成立专业团队，占比 30% 以上。许多公司通过进行人员调整成立专业团队以促进元宇宙项目的研发。2021 年 4 月，腾讯平台与内容事业群（PCG）内部发文宣布进行新一轮的组织架构和人事调整。腾讯对此的说法是，希望探索游戏领域所积累的计算机图形技术和能力，应用于社交和视频领域的想象空间。在 2021 年 7 月，腾讯又传出姚晓光亲自带队 PCG 与天美工作室，开发游戏社交 App，从社交、游戏两个方向同步探索元宇宙的消息。

第二板块是招聘专业人员，占比 27%。Meta 公司自表态要转型为一家元宇宙公司后，先后宣布将在欧洲招聘 1 万名工程师开发元宇宙，在欧洲联盟国家雇用 1 万名高技能人才推动元宇宙建设。今年 3 月，其母公司 Meta 宣布在西班牙建立一个新的数据中心并计划在该地区雇用 2000 名员工以推动发展。

第三板块是设立专职部门，占比 24%。成立研发元宇宙相关项目的专职部门对于促进元宇宙开发布局具有重要作用，BBC 成立了虚拟现实制作工作室 BBC VR Hub，团队成员既包括技术骨干，还包括具有跨媒体平台经验的资深媒体人。其主管齐拉·沃森（Zillah Watson）表示，新的部门将与 BBC 节目制作人和数字专家紧密合作，在未来几个月内创建不同类型的 VR 内容。

其余三个板块分别是外聘新任高管、调配新任高管和加强人才培养。谷歌、迪士尼、奈飞等国外知名公司都采取了外聘或调任高管的方式以领导公司的项目计划以更好地布局元宇宙业务。

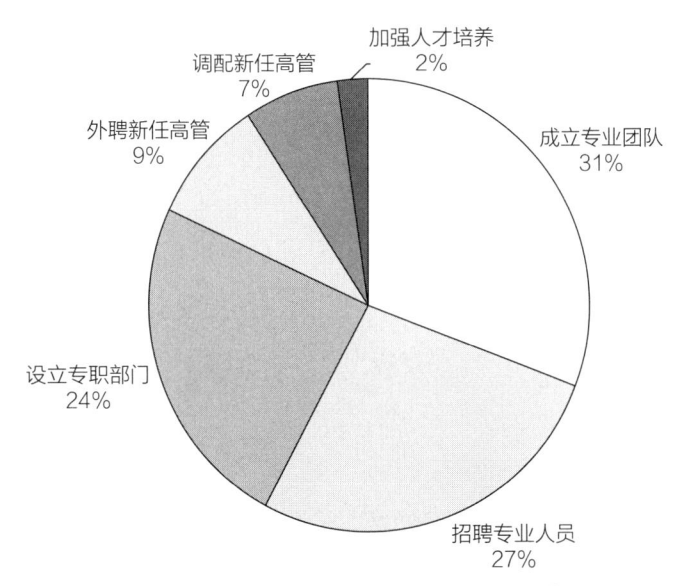

图 8-8　全球文化百强元宇宙人力资源投入布局

第9章 其他元宇宙产业

9.1 元宇宙的构成要素

关于元宇宙核心构成要素的研究有很多,《清华大学:元宇宙发展研究报告(2021)》认为元宇宙是现实与虚拟世界的密切融合、互动、交织。用户的统一身份是元宇宙的特征之一,用户可以以统一化身份在各项服务中进行社交、消费、娱乐、工作。而天风证券冯翠婷的《元宇宙:游戏系通往虚拟现实的方舟》研究报告则强调了元宇宙旨在创造独立于现实世界的虚拟数字第二世界,并认为元宇宙的核心在于永续性、实时性、无准入限制(多终端)、经济功能(拥有自有闭环经济体)、可连接性(通过终端连接现实世界)、可创造性(PGC&UGC)。Roblox 更是提出了元宇宙的 8 个核心构成要素(表9-1)。

表 9-1 Roblox 提出的元宇宙的 8 个核心构成要素

身份	你拥有一个虚拟身份,无论与现实身份有没有相关性
朋友	你在元宇宙当中拥有朋友,可以社交,无论在现实中是否认识
多元化	元宇宙提供多种丰富内容,包括玩法、道具、美术素材等
沉浸感	你能够沉浸在元宇宙的体验当中,忽略其他的一切

续表

低延迟	元宇宙中的一切都是同步发生的，没有异步性或延迟性
随地	你可以使用任何设备登录元宇宙，随时随地沉浸其中
经济体系	与任何复杂的大型游戏一样，元宇宙应该有自己的经济系统
文明	元宇宙应该是一种虚拟的文明

综合以上研究，笔者认为当前元宇宙的核心构成要素可以归纳为：①社交系统；②内容系统；③经济系统。以下从这三大模块出发探讨元宇宙概念下的创新机会。

9.1.1 社交系统

和现实世界一致，虚拟时空中的角色都需要有一个身份，而不同角色之间的交互形成了一个相对完备的社交系统。互联网技术的应用一定程度上帮助我们实现了线下社交关系的线上化，从 PC 时代的 QQ 到移动互联网时代的微信，用户都可以通过在社交软件上注册个人账户录入个人信息并设计二维虚拟形象（如 QQ 秀）来实现线上社交行为。在互联网时代，除了狭义的社交软件外，在线社区网站以及具有社交属性的游戏也给用户提供了一个虚拟社交的场景，比如豆瓣和王者荣耀。随着软硬件技术的发展和应用，笔者认为元宇宙概念下的社交互动方式较现实社交、互联网社交而言的创新突破主要来自以下几个方面：智能性、多元性与真实性。

（1）智能性。随着 AI 技术的发展，互动体验的内容生成逐渐可以被智能化、自动化生成。创投市场上也陆续出现了一批利用 AI 自动生产具备复杂环境感知、博弈与决策、合作与竞争、生存与进化、理解与创造等多方位能力非玩家角色（non-player character,

NPC）的企业。与传统的以公司为单位，数年为开发周期生产互动体验的模式不同，AI 在数字内容开发领域的应用提高了开发效率，也提高了 NPC 的人格化，正如电影《失控玩家》里所描绘的那样，NPC 的人格化使得用户的体验感更接近于现实生活，甚至出现真人与 NPC 之间的社交互动关系。

（2）多元性。现实生活中与人社交的对象更多的是真人，而在虚拟世界社交的对象开始变得更加多元。从我们诞生的咿呀学语，到复杂的加密通信，我们无不在利用自身和周边的工具对其他个体传达信息。随着网络带宽和硬件性能的演进，远程社交信息的丰富程度大大提高，由无法感知表情、动作、语气的文字交互逐渐向信息更丰富的二维视频流图像交互演进。随着 AI 技术的逐步演进，人类逐渐开发出了可以以假乱真的人工智能，并且在智能客服、智能销售、智能导购、智能家居等领域广泛应用。未来人工智能将不仅能成为我们完成工作的助手，更能在元宇宙的世界里成为人类的精神伙伴。

（3）真实性。在移动互联网时代，社交软件上的图像自定义功能更多地只能是帮助用户近似地完成"捏脸"实现二次元形象。而在现实世界中，人会有表情和肢体语言。嘴型、面部肌肉的运动如何做到很好的匹配，以及虚拟形象的肢体语言如何表达情绪，都是过往移动互联网平面交互时代尚未能完美实现的。而随着动作捕捉、脸部捕捉、还原、重建等技术的发展和应用，使得虚拟世界人物在还原的逼真度上有了突破的可能。高保真的虚拟形象，首先需要在人物上做到真实，甚至还原到毛孔级别的渲染和光照。随着虚拟形象动起来之后，用户会更相信这是一个很鲜活、很真实的人，而不是一张照片。

9.1.2 内容系统

相较于移动互联网时代的图文、视频、直播内容形态而言，随着软硬件技术的更新迭代，使得元宇宙场景下的内容相较于上一个时代的内容在交互感、逼真感与实时感方面都有了更多突破的可能性。

（1）交互感。移动互联网时代的主流数字娱乐交互载体是智能手机，而受限于智能手机硬件本身和用户之间的交互面积、交互方式、交互深度，手游和视频社交软件已经将手机的娱乐延展性发挥到了极致。而随着娱乐智能硬件领域的不断创新和迭代，元宇宙场景下的交互形式将会更多元。以VR硬件为例，第一代传统头显VR的缺点是高头显成本、高电脑成本、高延迟，限制了VR的大规模普及。画面越清晰，需要的计算和传输性能就越高。第二代一体机VR因低头显成本、无电脑成本、网络技术进步带来低延迟，为VR大规模普及带来基础。据维深统计，2022年上半年全球VR头显的出货量约684万台，中国头显出货量约60.58万台，占全球出货量约8.86%。预计今年全球VR年度出货量将达1300万台。VR及其配件给用户在消费数字内容的过程中提供了更多维度交互的可能性。

（2）逼真感。算力提升及画质革新让数字世界真假难辨。在人类不断用数字模拟真实世界的过程中，游戏引擎更加真实的光线追踪算法及物理效果不断给挑战硬件性能的极限，从二维到三维，从像素风到写实风，摩尔定律像上天赐予的礼物，不断提高人类仿真虚拟世界的水平。摩尔定律告诉我们集成电路芯片上所集成的电路的数目，每隔18个月就翻一番。而我们相信显示硬件芯片的革新会实现实时光追技术，让虚拟世界变得真假难辨。结合VR/AR硬件普及渗透率的提升，逼真画面的实现从硬件载体的角度来看也变得更加可能。

（3）实时感。2019年是中国5G商用元年，2020年5G建设进程大幅提升，仅中国全年新建5G基站超60万个，伴随5G逐渐成熟，越来越多的数字内容将制作、发行、消费环节云化。以云游戏为例，与本地游戏不同，游戏在服务器端运行，并将渲染完毕后的游戏画面压缩后通过网络传送给用户。用户所使用的设备终端，只需具有基本的视频解码能力和网络连接功能即可体验云游戏。云游戏和用户数据存储在服务器上，可以实现多端存档和数据共享，本地终端无须下载、安装游戏和存储用户数据。这将使得游戏地图的实时性大幅提高，有机会实现全球用户在一张实时更新的大地图中，使得游戏本身玩法的迭代效率提升，地图设计的弹性大幅提升。这将使得元宇宙时代的游戏玩法更接近于一直处在不断变化状态下的现实世界，进而使得虚拟世界与现实世界的联动交互成为可能。

9.1.3 经济系统

传统互联网虚拟资产的解释权往往在平台机构，其资产属性并不明确，中心化的平台可以利用对规则的非对称优势损害用户利益。虚拟世界的经济系统完全依赖运营者的运营水平，难以做到自发调整平衡。用户的身份信息以及衍生的相关数据被完全掌握在平台机构手中，缺乏隐私。区块链项目的发展提出了一种全新的可能性：用户资产与用户信息可以不记录在提供内容的平台上，而是加密记录在区块链底层平台、区块链能通过去中心化的权益记录，保障了用户的虚拟资产权益不被单一机构所掌控。这种权益记录方式使得虚拟资产近似于物理世界的真实资产，用户可以随意地处置、流通、交易，不受中心化机构的限制。区块链发展成熟的 DeFi（Decentralized Finance，去中心化金融）生态，能够为元宇宙提供一整套高效的金融系统。从虚拟资产的抵押借贷、证券化、保险等各个方面，为用户提供低成本、低门槛、高效率的金融服务。用户的虚拟资产如同现实资产一般，享受到金融服务，从而进一步强化了虚拟物品的资产属性。通过虚拟产权的稳定和丰富的金融生态，元宇宙经济系统将具备如现实世界中的调节功能，用户的劳动创作的虚拟价值将会由市场决定。NFT 的出现，实现了虚拟物品的资产化。NFT 是非同质化代币，是一种非同质化资产，不可分割且独一无二。非同质化资产的特点在于不能进行分割，且并不是完全相同的，恰恰现实世界和虚拟世界中的大部分资产都是非同质化的。NFT 能够映射虚拟物品，从而使虚拟物品资产化。可以把任意的数据内容通过链接进行链上映射，使 NFT 成为数据内容的资产性"实体"，从而实现数据内容的价值流转。通过映射数字资产，使得装备、装饰、土地产权都有了可交易的实体。

9.2 元宇宙游戏

智通财经的作者文文认为符合元宇宙最初定义的产品已经在互联网上存在过了，是豆瓣的阿尔法城。每个用户都可以在阿尔法城里用虚拟货币"小豆"选个街道，租个房子。在阿尔法城里，每个街道的名字都是由居民共同商讨投票决定的，但大家都可以决定自己租的房子用来干什么，有些用来贩卖理想，有的是宣传专辑或者歌曲，最终赚取的也是小豆，小豆用来付租金。从现实来看，游戏所建构的虚拟空间可能是最快通往元宇宙的入口。在疫情的推动下，游戏与生活的边界正在消弭。如美国著名歌手特拉维斯·斯科特（Travis Scott）在游戏《堡垒之夜》中举办虚拟演唱会，全球 1230 万游戏玩家成为虚拟演唱会观众；加州大学伯克利分校在游戏《我的世界》重现校园，毕业生以虚拟形象线上场景参加毕业典礼；顶级 AI 学术会议 ACAI 在任天堂《动物森友会》上举行 20 年研讨会，演讲者在游戏中播放 PPT 发表讲话。

笔者从上文所述的元宇宙核心构成要素出发，选取了以下 4 个具有代表性的海外数字娱乐公司作为研究对象，在元宇宙的视角下对其进行剖析（表 9-2）。

表 9-2　代表性元宇宙公司核心构成要素

	Roblox	Rec Room	《我的世界》	Manticore
社交系统	★★★	★★★★	★★	★★
内容系统	★★★	★★	★	★★
经济系统	★★★	★★	★	★

9.2.1　Roblox

Roblox 发布于 2006 年，是一款兼容了虚拟世界、休闲游戏和自创内容的游戏，游戏中的大多数作品都是用户自行建立的。从 FPS、RPG 到竞速、解谜，全由玩家操控这些圆柱和方块形状组成的小人们参与和完成。玩家在创作游戏时具备极高的自由度，平台具备全面且与现实经济互通的经济系统。虚拟资产和虚拟身份可以在游戏内容间互通，创作者可以自己在游戏中设计商业模式。Roblox 集合了社交、社区、游戏的多重属性。相较于传统移动游戏而言它具有创作者生态，相较于传统社区、社交产品而言它又有自身的经济系统。Roblox 通过三大产品模块（Roblox Cloud/ Roblox Studio/ Roblox 客户端）形成了一个虚拟娱乐世界。Roblox 以其多重属性（游戏、社交、社区、游戏），在商业化和营收的稳定性上展现出更优秀的表现。根据财报，因为 Roblox 并不是一款单纯的游戏，因此相较于单一游戏产品而言有更小的风险。Roblox 上排名前 1000 的游戏贡献了 90% 的时长，而排名前十的游戏时长贡献占比不到 40%，Roblox 内单款游戏的时长贡献最多不超过 16%。社交网络属性增强了用户黏性。Roblox 有 70% 的用户是和线下好友一起玩，30% 花在 Roblox 的时间是与 Roblox 上遇到的网友一起玩，日市场达 2.6 小时。而相较于传统的社区类产品而言，Roblox 有自己的经济系统和虚拟货币（Robux），虚拟货币系统结合 Roblox 自身生态增强了公司商业化的能力。

9.2.2　Rec Room

Rec Room 是一个 F2P（Free to Play，免费游戏）社交游戏平台，最初的目标受众是 VR 用户，自 2016 年问世以来登录了所有主流 VR 平台，包括 Quest、Quest 2 和 PSVR 等。除了 VR 之外，如今 Rec Room 还登录了包括 PC、Xbox、PS4 和移动设备在内的其他平台，拥有规模庞大的潜在用户人群。目前公司有 90 多名员工，计划到明年将达到 150 余人。其目标客户是 13～16 岁的青少年。Rec Room 用户能够创建其他用户可以访问的体验或"房间"。他们不需要任何编码知识来构建这些空间，因为创建都发生在游戏中并且可以由多个用户同时完成，Rec Room 的创作者工具也不需要任何计算机代码知识。Rec Room 和 Roblox 共享一种商业模式：用户支付现实世界的钱来购买虚拟货币在游戏中消费，随着营收进程的推进，2020 年的营收增长达到 566%。相较于 Roblox 而言，Rec Room 以 VR 硬件为载体使得其交互性和逼真度较网络游戏更强，但也因为当前 VR 硬件设备的渗透率较 PC/ 智能手机低，也使得其用户规模和社交网络属性较传统互联网社交和游戏产品更弱，不过未来前景可期。

9.2.3 《我的世界》

《我的世界》是一款沙盒建造游戏，玩家可以在一个三维世界里用各种方块建造或者破坏方块。于 2009 年正式推出，截至 2020 年底共售出 2 亿份，月活跃用户人数达到 1.31 亿人。得益于其自由度极高的游戏模式，大量创作者在《我的世界》中搭建特殊服务器，建造壮观的房屋，以及利用红石电路实现游戏中的"自动化"。《我的世界》成为实质上强大的娱乐内容生产工具。2020 年,《我的世界》相关的视频内容共计在 YouTube（有着海量视频的免费视频播放平台）中被打开了 2000 亿次。相较于 Roblox 和 Rec Room 而言，《我的世界》在经济系统的搭建方面要略微落后，此外，其用户年龄段整体偏低龄，较 Roblox 的用户年龄跨度更窄。沙盒游戏作为用户在游戏领域 UGC 内容的先行者，虽然一定程度上给予了用户足够的自创空间，但也因其视觉风格使得画面呈现较 Roblox 和 Rec Room 而言在逼真度方面有所欠缺。

9.2.4 Manticore

2016年成立，其总部位于美国加州，是一家专注于研发高质量多人PC和主机游戏及相关服务的独立开发商。是基于虚幻4引擎的低代码游戏开发工具，向用户提供包括游戏框架、资源、场景、物品等在内的免费工具。还附带了即时可用的高端多人游戏代码、动态可扩展服务器、创作者仪表板和集成支付功能。它既是一套游戏制作工具包，同时也是一个游戏分发平台。创作者经济是围绕着Perks系统建立起来的，Perks系统赋予了创作者完全掌控游戏盈利方式（包括游戏内装饰、应用内购买、通行证、会员资格、订阅或付费模式）的权利。向创作者支付其补贴收入的50%。其编辑器提供了大逃杀、死亡竞赛、夺旗、占领点位、强攻等多种游戏模式，玩家可以任意选择最适合自己游戏的模式，进而降低了玩家的创作门槛。但从受众面来看，由于其并非是一个面向专业游戏厂商的数字游戏商店，而是专注于独立开发者和普通玩家的大众化游戏创作平台，因此其用户规模较Roblox和《我的世界》而言仍有差距。

9.3 元宇宙的体系架构

对比元宇宙和移动互联网的体系架构不难发现，两个体系在基础设施层、硬件层、软件层都存在差异（图9-1）。

首先是基础设施层。除了通信网络、底层芯片和数据存储技术的升级迭代外，数字支付金融系统的经济模型有本质的区别，从货币经济拓展到了通证经济，而区块链技术的应用是导致这一差异的主要原因，笔者在此列举两个代表性案例。

图 9-1 移动互联网和元宇宙的体系架构

一是英伟达，显卡王者。英伟达以 Omniverse 为主线和平台，打造拥有强大算力支撑和先进硬件基础的元宇宙体系（图 9-2）。基于通用场景描述（USD），专注于实时仿真、数字协作的云平台，拥有高度逼真的物理模拟引擎以及高性能渲染能力，基于此平台将实现多种场景的虚拟化和实时协同工作。这一技术突破适用于建筑工程、自动驾驶、媒体娱乐和制造业等场景。

图 9-2 英伟达元宇宙产品网络体系

二是微软，游戏与办公是元宇宙两大主攻方向。微软董事长兼首席执行官萨蒂亚·纳德拉（Satya Nadella）表示："游戏将在元宇宙平台的发展中发挥关键作用。我们正在对世界一流的内容、社区和云计算技术进行大量投资，以开创把玩家和创作者放在第一位的新时代。"微软通过游戏业务购买元宇宙门票，2020年，以75亿美元收购美国游戏发行商ZeniMax Media；2014年，以25亿美元收购独立游戏《我的世界》及其开发商Mojang。2021年，微软推出新的元宇宙化Mesh for Microsoft Teams软件，个人可在团队中拥有化身。加强个人和商业软件领域主导地位，扩大云和服务器产品，把握云计算趋势，发展云上相关服务。

三是硬件层。通过XR（拓展现实）、VR（虚拟现实）和AR（增强现实）等技术来打造人机交互虚拟环境。据互联网数据中心等机构统计，2020年全球VR/AR市场规模约为900亿元人民币，预计2024年将达到近5000亿元。Meta的VR/AR头盔Oculus Quest 2发行半年后，仅北美销量已达400万台最优秀的VR一体机之一，超高分辨率及刷新率、可连接游戏PC、可跟踪运动及手部追踪、不受空间限制。索尼PlayStation VR2采用4K HDR OLED屏，具有110度广角视野和三维环绕音效，支持眼动追踪与触觉反馈，并公布了首款官方游戏Horizon。苹果预计1~2年内发布头显产品，AR头显将摆脱手机、电脑独立运作、支持各类应用，并搭载性能媲美M1的"桌面级"芯片和索尼4K Micro OLED显示屏，目标是在10年内取代iPhone。此外，触觉数字化技术与VR设备、现有的在线视频软件等结合，从视听延伸到触觉，用户隔着屏幕就能感受到握手、拥抱的实感；触觉传感材料、触觉信息获取等已成为研究热点。例如电子皮肤可作为无线人机交互系统，人类能跟机器共享触觉，用户体验更轻便，可根据需要呈现为小贴片、手套和连体衣等多种形态。虚拟现实沉浸体验的提升有赖于多感官通道的发展及一致性与关联性的强化，例如国内数字嗅觉公司气味王国与中科院嗅觉实验室、芝加哥香精香料公司 Orchidia Fragrances 等合作建立数字气味词典，推出 X-SCENT3.0 版本，有效传播距离控制在 25 厘米，气味切换可以无缝衔接、不混淆。

　　四是软件层。游戏引擎被认为是元宇宙时代"掘金"者的"铲子"，例如 Unity 支撑三维建模、渲染、实时交互等核心底层技术的工具与平台，全球前 1000 受欢迎手游中超过 70% 使用。而动作捕捉技术也被认为是元宇宙的软件层技术应用之一，通过记录处理人或其他物体的动作，生成相应的虚拟资产动作动画的技术，帮助 VR 体验者真正得到沉浸式的、交互式的体验。

第10章
Web3.0与数字经济战略

10.1 Web3.0概述

Web3.0的概念承接提姆·奥莱理提出的Web2.0，代表了人们对于发展下一代更好的互联网的要求与期待。然而，Web3.0的概念与内涵一直处于一个动态变化的过程。在区块链技术没有诞生之前，Web3.0通常指"语义网"，由万维网之父蒂姆·伯纳斯—李提出，它意味着更加智能的互联网。而随着"中本聪"提出的比特币被大众熟知，区块链技术又被维塔利克·布特林进行通用化处理应用在"以太坊"之后，DeFi、NFT、去中心化自治组织（Decentralized Autonomous Organization，DAO）等新兴概念的诞生为新时代互联网的经济、文化、社会活动打下了坚实的应用基础，进而让围绕区块链技术为核心衍生出的互联网体系成为下一代互联网的主流象征。对于这一变迁历程，在此梳理互联网在Web1.0、Web2.0、Web3.0时代的定义、历程与反思，对比了上述三个阶段互联网发展的核心区别。简单来说，我们可以用静态互联网、平台互联网和价值互联网这三个词汇去概括这三个阶段（图10-1）。

Web1.0是静态互联网。互联网建立在开源协议之上，由少数专

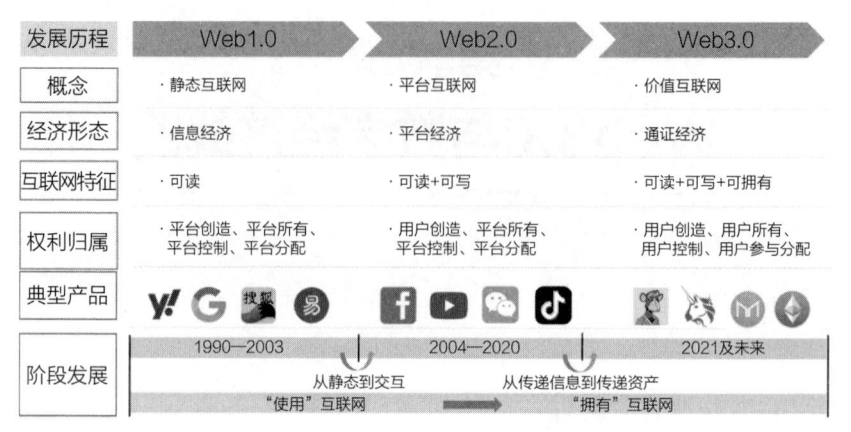

发展历程	Web1.0	Web2.0	Web3.0
概念	·静态互联网	·平台互联网	·价值互联网
经济形态	·信息经济	·平台经济	·通证经济
互联网特征	·可读	·可读+可写	·可读+可写+可拥有
权利归属	·平台创造、平台所有、平台控制、平台分配	·用户创造、平台所有、平台控制、平台分配	·用户创造、用户所有、用户控制、用户参与分配
典型产品	Y!、G、搜狐、易	f、YouTube、微信、TikTok	(NFT头像)、独角兽、M、以太坊
阶段发展	1990—2003 从静态到交互 "使用"互联网	2004—2020 从传递信息到传递资产	2021及未来 "拥有"互联网

图 10-1　互联网发展历程

图片来源：《WEB3.0：赋能数字经济新时代》。

业人士参与开发、建设，用户只能搜索和浏览互联网上的信息，无法进行太多的交互。书中用"所见即所得"进行了概括，这个时代诞生了最初的信息经济，最主流的商业应用是门户网站和搜索引擎，例如当年的谷歌和搜狐。

Web2.0是平台互联网。互联网建立在用户端—服务端的二元架构上。每个人都可以在互联网上进行信息的生产与分发，人们不但可以浏览互联网上的信息，还可以自己生产信息并发布到互联网上与他人进行互动交流。这一阶段互联网的核心特点是从电脑端向移动端迁移，平台公司成为吞噬一切的垄断者，互联网的数据、权力以及由此带来的收益往往为中心化的商业机构所垄断，"平台经济"成为这一时期的经济特征。

Web3.0是价值互联网。起源于比特币和区块链技术的诞生，发扬光大于以太坊的出现，最终伴随着不断涌现的各种互联网应用而逐步走向成熟。在这个时代，用户不但可以在互联网上读取、交互信息，还可以传递资产（加密货币），也可以通过通证拥有互联网本身，并以此衍生出了"通证经济"。每一个人都可以在计算、存储、资产等各个领域享受去中心化的服务，成为自己信息数据的掌控者、管理者、拥有者，挑战了传统的公司制度。

10.2　Web3.0与元宇宙的关系

从过去 2G 时代的文本图像传输内容逐渐延伸到如今 4G 时代顺序流式传输（短视频、直播）内容，以及未来的 5G 实时流式传输内容，元宇宙的内容，一定是比目前的短视频、直播呈现出更加富媒体化的内容展现形式，用户在沉浸式内容形态上的体验，有着巨大的想象空间。在过去互联网时代跟我们交互最多的是视觉，手机和电脑的屏幕占据了我们更多的时间，元宇宙的载体和内容最终都会通过模拟来实现，今后在数字化和科技相结合的过程中，我们的嗅觉、视觉、听觉、味觉、触觉、脑机等都会应用到我们的交互体系中来。

当前科学家和企业家正在往这个方向前进。在触觉链接方面，Meta 提出了触觉手套，可在虚拟的空间里感受真实的触觉。嗅觉方面，当我们的口罩变得智能化，同样它也可以把味道通过不同化学物质去传递。听觉方面，达到耳机无损音质，可以通过模拟人体左耳与右耳听力技术来实现。各种模拟的实现，不仅仅体现在元宇宙的沟通方式，同样也可能提升相关障碍人群的社交参与度。在脑机方面，未来有可能学生们都不需要背书，想要了解一个信息插一个 U 盘就可以把信息传输到脑海里。比如说天津大学发起的开源平台，整个的数字化技术就是数据的积累和训练，有了这样的开源平台之后，各方的数据都可以进入这个平台体系，不断地训练，假以时日，可以让我们在脑机方面有更多的结合。元宇宙还有更多的内容想象空间，例如未来做实验、开会、驾驶都可以应用数字孪生技术，在虚拟场景中去实现，未来元宇宙的交互一定是会更加立体的。

第一，传统移动互联网社交以图文、语音互动为主，元宇宙以三维形象互动为主。以游戏为例，我们经常提及的Roblox，在移动互联网时代叫游戏公司，但是它与传统的游戏公司在交互模式上相比，有着非常大的可扩展空间，Roblox在整个的基础设施和软硬件层面都有整个引擎的各种支撑。

第二，移动互联网跟元宇宙最大的区别是，在移动互联网时代，建模、动画、引擎和人工智能是分开的。百度是人工智能公司，其实是没有做出建模软件的，但是在元宇宙时代，整个软件的支撑，不只是实现了其中的某一个部分，更重要的是元宇宙把软件部分进行了统一化，软件一体化流程在元宇宙中是趋势。值得注意的是，游戏引擎与人工智能，主要的两大引擎一个是手游，一个是个人电脑，它也将产生很大的价值。对于移动互联网人工智能这个领域，有相关专家预测2030年市场规模有望达到百万亿级别。

第三，移动互联网时代，硬件部分主要由传统的电脑、游戏机、平板电脑、手机等设备为主；元宇宙时代，主要是以穿戴设备、全身通感设备为主。虚拟现实沉浸体验的提升，有赖于多感官通道设备的发展。以VR/AR为例，根据互联网数据中心数据显示，2019年VR/AR在中国市场的规模为283亿元，相比于2018年增速53%，预计2023年中国市场规模将达到1052亿元（图10-2）。目前移动互联网时代已经进入下半场，移动互联网业务能保持33%的增长的企业已经不多了，元宇宙 AR/VR 当下体量还很小，但增长速度很快。另外硬件层面还有更多可以迭代的空间，例如，今天我们的 AR/VR 的质量还非常重，未来如果跟我们戴的眼镜一样，我们还是有很多的场景可以想象。

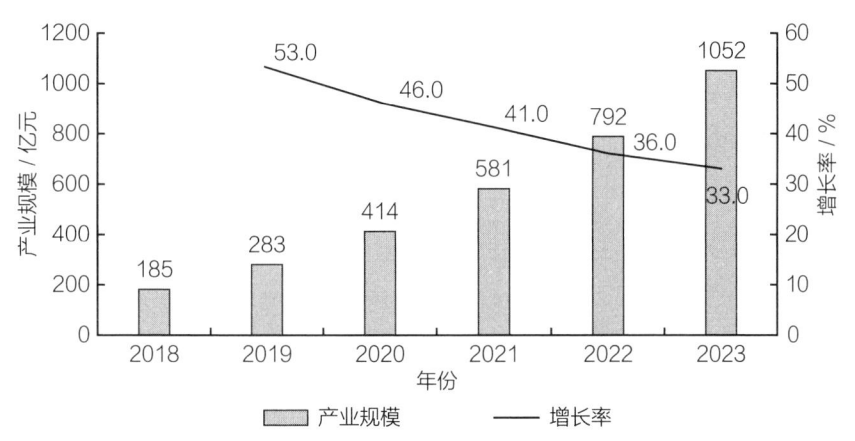

图 10-2　2018—2023 年中国 VR/AR 产业规模及增长情况

图片来源：互联网数据中心。

元宇宙和 Web3.0 都在描述下一代互联网应用场景的升级迭代，但两者是有差异的。

从产业实践来看，元宇宙和 Web3.0 都是在描述未来人与信息之间的关系。元宇宙侧重描述人与信息交互方式的升级，在元宇宙语境下，人与信息的交互会更加沉浸式，相应的落地产业支撑是 VR、AR、AI 等科技应用在视觉、触觉、嗅觉等感官链接方面的创新。而"Web3.0"侧重描述人与信息所有权关系的变化，在 Web2.0 时代，用户的数字资产更多被掌握在中心化的平台公司手中，而在"Web3.0"语境下，用户自身则掌握了数字资产的所有权及其相关衍生权力。

从理论上来看，Web3.0 也可以被理解为元宇宙的基础设施。正如《Web3.0：赋能数字经济新时代》书中所梳理的几个核心概念，实际上构成了 Web3.0 的整个基础设施体系：①底层技术是区块链；②金融系统是 DeFi；③数字商品是 NFT；④组织范式是 DAO。这一切为元宇宙的建构提供了一整套基础设施系统。元宇宙的最终愿景是构建一个打通"虚拟世界"和"真实世界"的数字时空，而这一整套基础设施系统通过具体的技术形态，解决了很多从数字化时代开启时就难以解决的问题：如何在虚拟的空间创造真实可靠的"信用"和"共识"？如何确立数字物权的归属和转移？如何以有序且民主的形式进行数字化组织的决策与管理。元宇宙赋予了 Web3.0 向上生长的动力，而 Web3.0 为元宇宙提供了持续发展的根基。我相信，互联网的未来将由元宇宙和 Web3.0 共同塑造。

10.3　Web3.0现状

首先是经济活动。在这里我们整理了两组数据，图 10-3 是市值前五的美股股票，图 10-4 是市值前五的虚拟货币，来做一个简单的计算，如果用右边的数据一一对应除以左边的数据，我们得到的比例是在 5% 左右。由此看出，从经济活动的活跃程度和体量来看，今天 Web3.0 放到我们全球中，还是非常小的一个板块。换一个角度，从宏观指标来做计算，全球虚拟货币市场的总市值在一万亿美金左右，而美股总市值约 60 万亿美金，用前者除以后者也是一个不到 5% 的数字。所以 Web3.0 的经济活动跟我们今天传统经济活动相比，的确还处于非常早期的阶段。

第 10 章 Web3.0 与数字经济战略

公司	市值（亿美元）
苹果公司 AAPL	21920
微软公司 MSFT	18829
谷歌 GOOG	14538
亚马逊公司 AMZN	10955
特斯拉 TSLA	7242

图 10-3　市值前五的美股股票
图片来源：新浪财经（数据获取时间为 2022 年 6 月 16 日）。

币种	市值（亿美元）
Bitcoin BTC	4060
Ethereum ETH	1375
Tether USDT	700
USD Coin USDC	544
BNB BNB	358

图 10-4　市值前五的虚拟货币
图片来源：CoinMarketCap。

其次是文化活动。这里我们同样也用了两组图，图 10-5 展示的是国内数字藏品市场的发行情况，图 10-6 是海外 NFT 的市场情况。对比不难发现：体量差异很大。国内的这几个数字藏品市场的销售额相比海外 NFT 市场的交易规模都不算高。国外的 NFT 是交易属性极强的，海外也支持二级市场，所以这块交易活跃度很高。海外 NFT 交易规模基本上是国内数字藏品发行规模的千倍以上，海外 NFT 的平均交易单价也比国内数字藏品的平均发行单价要高不少。

客观来讲，NFT 和数字藏品本身也不是同一种商品。两者的差异可以具体从三个维度来看。第一，国内的数字藏品大多是建立在国内的联盟链上，海外的主流 NFT 是在公链上发行，尤其以以太坊、Polygon 这些为主。这是它第一个大的区别。第二，国内用户在唯一艺术、幻核等数字藏品平台购买的时候用的是人民币购买。但是海外的 NFT 不是用法币购买，而是用数字货币购买，首先需要有数字钱包，如用加密货币 ETH 进行购买。第三，目前的国内数字藏品不支持二级交易，但是海外的 NFT 支持二级市场交易。从以上三个维度

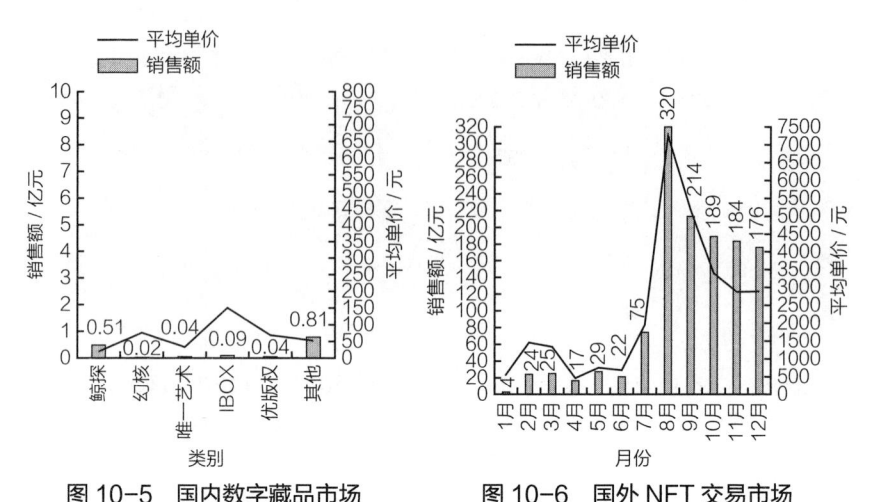

图 10-5　国内数字藏品市场
资料来源：中国网（人民币和美元换算汇率取 6.5∶1）。

图 10-6　国外 NFT 交易市场
资料来源：Cryptoslam。

做区分会发现这两者本不是同一个东西，所以很多时候混为一谈，就会很容易让我们迷失。

最后是社会活动，这里需要引入一个概念：DAO，指的是由达成共识的群体自发产生的共创、共建、共治、共享的新型组织形式。讲到这里，我想大家一定会联想到 Web1.0 和 Web2.0 时代的在线社区。在 Web1.0 和 Web2.0 的世界里虽然微博、豆瓣、贴吧有大量的活跃用户，且用户贡献的行为数据助力了社区平台推荐算法的完善以及商业化效率的提升，但大多数用户并不能因此直接分享平台的商业化收益，这是 DAO 和在线社区的第一个区别。此外，Web3.0 以其"去中心化"的理念，呈现出了较在线社区市场更分散的格局，每个 DAO 都聚焦于更小的利基市场，即使在用户规模上排在前列的 ENS DAO 也就 8.6 万活跃用户，这是 DAO 和在线社区的第二个区别（图 10-7，图 10-8）。

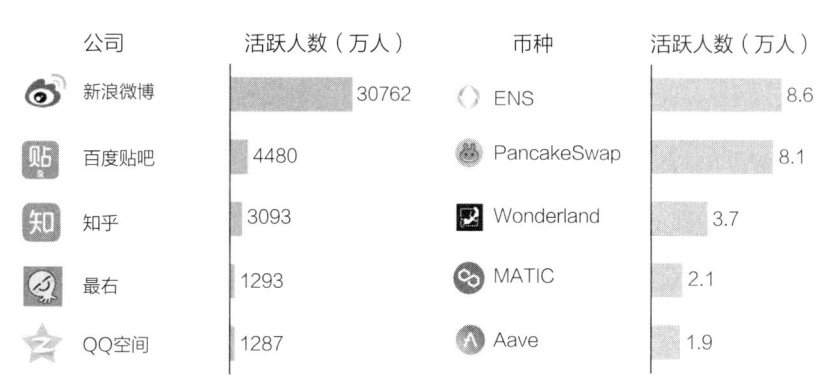

公司	活跃人数（万人）		币种	活跃人数（万人）
新浪微博	30762		ENS	8.6
百度贴吧	4480		PancakeSwap	8.1
知乎	3093		Wonderland	3.7
最右	1293		MATIC	2.1
QQ空间	1287		Aave	1.9

图 10-7　国内社区类 App 活跃用户数
图片来源：艾媒北极星（国内数据源时间为 2021 年 12 月）。

图 10-8　国外 DAO 活跃用户数
图片来源：DeepDao（国外数据源时间为 2022 年 6 月）。

10.4　Web3.0对游戏产业的影响

图 10-9（左）是一个典型的过去做传统游戏的逻辑，主要的关键角色是游戏玩家与游戏开发者，开发者开发出游戏的内容，玩家进行娱乐和消费。图 10-9（右）是 Web3.0 语境下的新游戏逻辑图。

它多出了两个角色，一个是社区 DAO，另一个是游戏生态。以一个典型的链游为例，基于图 10-9（右）的流程图，开发者首先会质押一部分数字资产到 DAO 换取社区代币，来确保发行代币的底层价值。随着游戏社区的发展壮大，社区代币之类的权益增值，可以让开发者获得分红。除此之外，玩家也可以在通过游戏获得虚拟数字资产，对于社区治理有热情或对游戏未来发展有信心的玩家也可以质押数字资产换取代币享受未来的分红。同时，借助整个游戏生态经济系统运转带来的收入会成为 DAO 组织权益价值的增值部分，吸引更多玩家的加入，而更多玩家又可以为游戏带来新的创新活力，最终形成

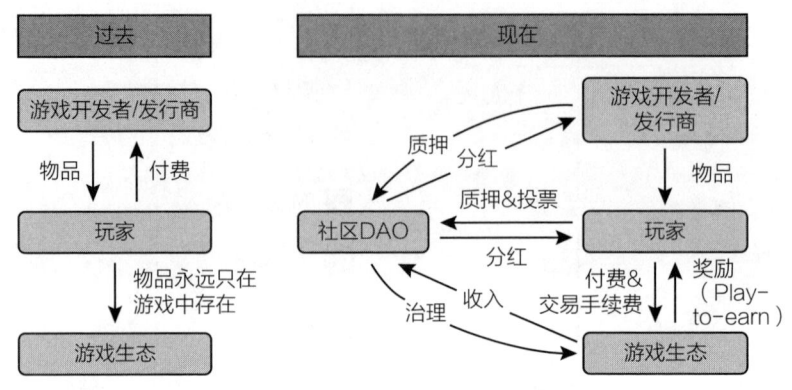

图 10-9　传统游戏与 GameFi 的模式对比

图片来源：Mint Ventures，Nansen。

良性循环。

第一，GameFi 赋予玩家对游戏内资产的所有权。传统游戏中，玩家仅拥有游戏资产的使用权，一旦游戏下架就不存在；但在 GameFi 中，玩家可以玩游戏来增加游戏资产，也可以对这些游戏资产进行交易变现。

第二，GameFi 塑造利益共同体。传统游戏中，开发商为玩家提供游戏体验来获得收益，而在 GameFi 中，游戏资产增值带来的收益由玩家、开发商和代币持有者共有。

Web3.0 游戏的创新经历了三个阶段（图 10-10）。第一阶段是 2017 年以前，BitQuest 最初可能只是简单地把虚拟货币引入游戏中，是最初尝试。第二阶段，链游的雏形出现了。2017—2019 年 Crypto Kitties 等这些游戏的出现，让游戏中获得的这些虚拟资产可以在二级市场上交易赚取，与一些通用的同质化代币价格挂钩，最终塑造了链游的雏形。第三阶段，游戏性开始逐渐地增强。例如：Axie

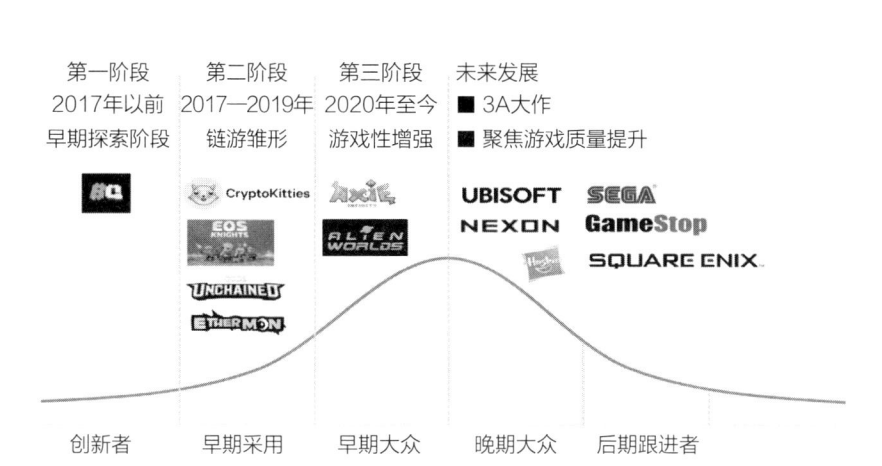

```
第一阶段        第二阶段        第三阶段       未来发展
2017年以前   2017—2019年    2020年至今    ■ 3A大作
早期探索阶段   链游雏形        游戏性增强     ■ 聚焦游戏质量提升
```

图 10-10　GameFi 的发展历程

图片来源：国盛证券，Mint Ventures，《Web3.0：赋能数字经济新时代》。

Infinity，它在原有的基础上又做了更多的强对抗性 PVP 和 PVE 的玩法。所以现在所处的阶段按照这个趋势发展，可以想象未来在链游的领域会出现游戏形式更重的这些游戏。比类似于今天看到的这些 3A 大作（一般指高成本、高体量、高质量的游戏），未来整个链游市场有可能出现更高质量的大作。也就是说，目前链游还处于一个游戏质量逐步提升的阶段，当前的链游在美术、策划等方面和传统游戏 3A 大作仍有差距。但现在正在一个拐点上，这或许也是游戏创业者拥抱变化的一个新机会。

10.5　Web3.0对消费行业的推动

10.5.1　对产品的变革

首先是收藏品。为什么 NFT 被国外炒得这么热？就是因为它具有唯一性，我只卖这一个，卖完就没有了。有个很有趣的案例，就是敦煌 NFT，它是个数字商品的交易平台。敦煌壁画其实也有很多 IP 化的故事，就像在传统消费领域，已经有了很成功的故宫文创。这个平台出了"敦煌十愿"系列，就是十个故事，每个愿只发 500 个 NFT，总共加起来只有 5000 个，而且最近它并没有再发，具有稀缺性，所以当时这些 NFT 被一抢而空。这背后其实隐藏了一些消费者心理，因为实际上它只不过是基于敦煌 IP 做了一个上链的数字藏品。

其次是买产品送 NFT。耐克最近投资了一个专门做数字藏品的虚拟货品平台，它这样玩其实很有意思，因为传统卖鞋卖的是实物商品，只有功能性作用和品牌带来的身份标志认同，比如 Cryptokicks。它今天增加了一种玩法，就是每买一双鞋就送你一个代币，但这个代币是虚拟且独一无二的。潮鞋领域本身就已经有了二级商品交易行为，而当我给它上链和数字化之后，收藏行为的门槛就变得更低，甚至我可以切成不同的份额，这会让很多有收藏价值的消费品有更多的想象空间。最后就是 Real NFT，即实体商品的代币化。Uniswap 是 Web3.0 领域很有名的公司，它把 500 双限定版的实体袜子和 NFT 挂钩，可以拿 NFT 兑换实物，兑换后 NFT 就被销毁。袜子是有限的，每卖掉一双袜子，后面的购买成本就会越来越高，实体商品去实现这个可能没那么容易，但用计算机的算法规则实现就很简单。这带给我们的启发在于，我们在和用户互动的过程中，虽然用实物去玩的游戏规则很复杂、难以实现，但可以通过算法去设计出很多很有意思的玩法，让消费行为本身变得更加游戏化，也让我们和用户之间的互动变得更有趣。

10.5.2 对营销的变革

随着短视频和 3D 动作捕捉技术的应用，3D 版的虚拟人出现，但其本质就是一个虚拟 IP，只不过更加沉浸式，未来我们或许可以在 VR 世界里去和它互动，有更立体的画面。虚拟 IP 不会面临真人偶像人设崩塌的问题，而且它成本可控，对于经纪公司来讲，明星随着曝光越来越多，和经纪公司博弈的话语权也会越来越高，所以一个明星不红的时候公司还能抽到他很多佣，红了就要解约，但是虚拟人不会有这个问题。这是今天资本市场这么看好虚拟人 IP 这个方向的原因，因为从商业理性来讲，它非常具有吸引力。虚拟人本身是数字资产，所以它更容易上链，可以和 Web3.0 底层体系打通，我们可以利用这个优势去延伸一些场景。例如，耐克和 Roblox 联名打造了 NIKELAND，Roblox 是个很典型的元宇宙游戏平台，用户可以在里面共建或自建一些区域和场景。这种玩法国内的消费创始人完全可以参考，尤其是用户社区属性很强的品牌，在很多虚拟场景中打造一个属于我们自己的世界。元宇宙本质就是在虚拟世界里面创造更加沉浸式的场景，你首先要有一个虚拟的宇宙场景，里面所有的资产都是数字资产，有了这个数字资产之后就可以上链和 NFT 做结合。VANS 也在元宇宙虚拟平台里做了一些创新，用户进去之后可以买虚拟的鞋，还可以自己设计甚至修改，让用户在元宇宙场景中穿自己的鞋。为什么国外品牌这么积极参与 Web3.0？因为假定元宇宙的趋势是确定的话，未来我们都生活在 VR 时代，作为一个品牌，没有留存下虚拟资产，就会被大家逐渐遗忘掉。

例如，Web3.0 营销，有一家汽车公司还没有上市，它在营销过程中对于做了一些积分，传统的积分体系一般是换商品，但是它的积分和股价挂钩，拿出了 4.9% 的期权和用户积分做链接。用户开了多少里程、有多少互动，就可以获得相应的积分，而且这个积分和期权值挂钩，未来这个公司会融资上市，这就意味着用户累积的积分实际上是股票，它是有升值空间的，这是非常典型的 Web3.0 营销思路。

10.5.3 对渠道的变革

在传统渠道销售里面，渠道的抽佣很高，这叫作渠道为王，因为我们不能和用户形成直接的互动和联系。就像我和我的读者，他并不直接知道我，每天接触的是当当，他是一个读者，和我并没有直接的交互。但是 Web3.0 很重要的一点就是社区思维，本质上是一种养成体系。养成体系就是花时间与心思去培养一种事物慢慢成长与壮大。例如，如今的偶像经纪市场，诸多偶像明星都是在粉丝的细心陪伴下逐渐发展起来的。

而在 Web3.0 时代，很重要的一个概念就是参与感，而且参与了是有经济价值的。哪怕这个 DAO 今天多么草根，在它未来发展壮大的过程中，其实相当于享受了它的经济回报。这类似于我们创业，创业公司的现金流往往非常紧张，因此我们出让股权获得资金来助力公司的日常运营，投资人就是通过提供现金流购买股份来陪伴公司长大，我们也因此让投资人通过股权升值获得收益。大家可以想象，在传统的公司体系当中，上面有创始人或董事会，然后有职业经理人，往下是基层员工，是从上到下传递、从下到上完成工作的逻辑，所以它是非常直接的金字塔结构。但是在社区主导的体系里面，每个人都有决策权，哪怕你只有千分之一的投票权，你也可以实现你的投票，因为它是公开记账技术，不会有人在这里徇私舞弊。当然这听起来可能比较理想化，在偏劳动密集型的传统销售领域实现起来比较难，尤其是在生产环节，不同层级的人学历和认知差异很大。DAO 一方面符合年轻一代以人为本的平等思想，另一方面治理效率会更高。所以它已经在 Web3.0 领域的投资行业看到了雏形，我们也相信未来有更多的拓展空间。海外有一个网站叫 Art Blocks，我们过去买艺术品是画家画了直接买，但它是先让机器学习画家的风格，再自主化生成即兴作品，而且用户可以参与，每个用户点击之后产生的画面是不一样的。它有点类似于传统消费领域的盲盒，盲盒和它的区别在于用户没有参与感，只是被动抽到，但这个是用户自主完成，又有参与感又独一无二。通过这种方式创造出来的数字商品，消费者本身也是数字商品的一部分。

10.5.4　对定价的变革

首先，传统买东西就是用法币，但在海外通证经济下用的是代币。代币和法币的区别很大，法币本身是相对稳定的，商品定价也是中心化的，用户决定不了定价；但是一旦用了代币上链，用户的心理就会出现波动，不是纯粹买商品，而是觉得所有商品都有了投资属性。从消费者心理学角度来讲，一是参照依赖，二是心理账户，三是小概率迷恋。例如，在比特币刚出来的时候，有人用一万枚比特币换了两个比萨，这当然是非常不划算的，现在一个比特币都值两万美金。但其实这个故事的主人公是一名程序员，他获得比特币是相对比较容易的，在早期稍微挖挖矿就获得了。所以不同的人在面对同一商品的时候，他的参考系是不一样的，一旦消费品进入通证经济，就不再只是纯粹的消费品，而是有了投资属性。

另外，必须考虑到心理因素的作用。两年前，看过一个海外虚拟地产项目的案例，海外用户可以用很低价格获得全球各个地方的虚拟地。其实它并没有实际价值但有很多海外用户愿意以非常高倍数的价格去拍卖虚拟地块。

所以定价和你的参考系有关，这是所有消费公司往通证经济走的时候一定要注意的，不能纯粹觉得你的商品是消费属性，还要考虑心理因素和个人情感。

10.6　Web3.0"以人为本"的底层思想

Web3.0 的畅想是从一开始就更好地明确用户对于数字资产的所有权，进而确认"人"本身的各项权益，这一点与"向善、共赢、低碳"的 ESG 理念有天然的结合点。Web2.0 会将用户异化成"系统人"的现象，本质上是让人丧失了对自己的控制权。Web3.0 让人具备了自己本身的自主性，可以自己去决定自己的数据、资产，甚至是互联网上参与低碳减排的行动等，而不被系统掌控。这其实也是 Web3.0 底层思想与东方哲学的共通点——"人本主义"。Web3.0 的"以人为本"本质上就是将人从系统里解救出来而不要沦为技术的奴隶，去实现向善与共赢。

第一，向善。V 神在《去中心化社会：寻找 Web3.0 的灵魂》中引用《道德经》中的一句话："道者，万物之奥，善人之宝，不善人之所保。"Web3.0 的底层思想来自中国哲学，不过多地干预、充分发挥万民的创造力，做到自我实现，走向崇高与辉煌，例如 DAO 是一种能公正公开实现组织自主运行的治理模式，以人为本。

第二，共赢。用户参与创建并掌握对数字资产的所有权，在 Web3.0 体系下平台方和用户的地位更加平等，进而有利于形成更加合理、公平的利益分配机制，从而走向共赢。

第三，低碳。区块链 +Web3.0 可以将碳行业做成开放的生态，让大家都可以加入进来，达成人类的共识，通过在生态中做贡献来获得激励和奖励。这可能是未来一个非常好的发展方向，人人都有贡献，为世界贡献还能得到收益，贡献还能流转。就具体的实现方式来说，一种方式是利用创建 Web3.0 项目来实现低碳。例如 WeWork 前联合创始人亚当·诺依曼（Adam Neumann）做了基于区块链技术的碳信用代币化平台 Flowcarbon 将碳信用通证化，来解决碳信用的交易市场透明性弱、数据源缺乏、交易周期长、交易成本高的问题。另一种方式是区块链技术本身也可以有一些低碳应用。例如基于区块链技术收集产品制造不同阶段的数据，以计算温室气体排放量；又例如海外有一个叫 Plastiks 的平台利用区块链技术促进废品回收、交易、再生产；还有的项目是利用区块链实现自用太阳能装置中多余电力销售的数字化。

Web3.0 较 Web2.0 而言更多的优化是在分配的合理性上。Web2.0 时代平台经济利用垄断位置和数据优势存在很多问题比如"二选一""大数据杀熟"，而 Web3.0 的畅想是从 day1 就更好地明确用户对于数字资产的所有权，进而在进行利益分配的时候会显得更加合理合情。"系统人"本质上是人丧失了对自己本身的控制权，当分配问题解决后，人就具备了自己本身的自主性，可以自己去决定自己的资产、数据、行动等，而不被系统掌控。

Web3.0 的底层思想其实与东方哲学的"人本主义"不谋而合，"以人为本"本质上就是将人从系统里解救出来而不要沦为技术的奴隶。

或许有人会质疑既然挖矿会产生大量碳排，如何在实施 Web3.0 项目时兼顾"低碳"？首先，我们其实看到从业者们也发现了这个问题，他们正在积极寻找更低碳更环保的解决方案，比如以太坊 2.0 将会采用权益证明（Proof of Stake，简称 PoS）的方式来维护系统运行，这种新的共识机制相较于 PoW（Proof of Work）机制可以让能耗大幅降低。其次，除了 PoS 去替代 PoW 之外，原先采用 PoW 机制的一些项目，也在逐渐要求项目的受益人需要对自己的排放负责，比如赚到的一部分钱需要投入到减排的事业中。NFTrees 就是一个典型的去承接这部分需求的项目，我们听这个名字就有种在虚拟世界种树环保的感觉。它可以允许计算以太坊钱包、Web3.0 项目、OpenSea 上的 NFT 系列所预计产生的排放，然后可以在这个平台上购买 NFTrees 去实现碳补偿。NFTrees 会用你支付的美元去植树或者去购买碳信用额。

10.7　Web3.0合规之路

讲 Web3.0 时要聚焦到细分赛道，因为其本身就是基础设施、基础技术层、区块链以及与泛区块链相关的一些技术创新。第一，国外有区块链类的项目更多是做区块链、数据上链等。第二，金融系统的 Web3.0 是地区去中心化的金融，用户可以在去中心化、没有中介的情况下做借贷、买金融产品、做投资，这也是一个赛道。第三就是

NFT，在国内更多是"数字藏品"这个近似的产品形态，因为国内不支持二级市场，而且国内产品更多是在联盟链上，做文创领域的应用，跟艺术家的创作做结合。最后是社区或者社群，未来或许在这个领域我们会看到很多新尝试。

如果 Web3.0 理念能够充分应用和展开，对每一个用户都是利好的。在 Web2.0 时代，我们每个人都在给这些大平台做贡献，它们有这么好的推荐算法和系统都离不开每个用户数据的贡献，但我们却分不到其中利益。但在 Web3.0 时代，如果说 3.0 时代也有抖音等平台，那么它的每一份广告收入都应该分配给每个用户，而不是集中在平台化的公司手上，所以是利好于每一个用户的。但同时，Web3.0 时代对我们这些有多元化背景的创业者提出了更高要求，我们不能局限于某一个环节，需要文理兼修。比如在背靠比较强的科技底层下做消费品，那便需要懂得怎样去数字化商品的技能和理念等。

目前拥抱 Web3.0 的创业者和从业者都比较年轻，大家不只是对于区块链和 Web3.0 相关的法律意识比较浅薄，由于缺少阅历和社会经验，在对公司经营和业务发展的合法、合规方面的认知相较于创业老兵仍有差距。

一是要提高从业者的法律意识，否则就会很容易出现一些案件。一旦一个新的行业负面新闻多了之后，各方都会戴着有色眼镜看待这个行业，不利于行业长远发展，因此从业者需增强法律意识。同时，也希望相关监管方和协会尽快出台一些比较明确的指导意见，让年轻人的热情不被泼冷水，同时也获得监管方的正向指导和鼓励。

二是期待大型互联网公司和科技公司能够更多地发挥优势，起到一定的带头作用。成熟的大型互联网公司在合法合规方面都有资深的律师团队，他们对于市场的理解更深，更适合从合规角度为行业发展探路。从整个金融科技的创新维度来讲，经历了 P2P 时代和区块链的 1.0 和 2.0 时代，互联网头部公司和监管方都经历了很多。在现有业务中，做些真正能够带来实际价值的创新都是值得鼓励的。如消费领域的蒙牛、江小白、奈雪的茶等都在发数字藏品，在现有合法合规的情况下，促进业务创新发展，有助于品牌年轻化，有利于在年轻消费群体中建立认知度。

任何新概念出现的时候都不免浑水摸鱼的人，这是客观存在的。一是道德上我们鼓励大家只有长期主义才能更加利好行业可持续发展。二是监管要跟上。三是治理机制的科学设计要完善。很多庞氏骗局其实项目方最开始也没想到骗钱，但是在设计治理机制的时候没设计好，让项目生态内引入了大量投机者，最后让一些很好的项目变成了庞氏骗局。所以在日常项目的运维，和最初始的 Token 经济系统的设计上都需要考虑这些点，避免这种情况发生。

新事物在发展初期固然有很多瑕疵，一方面我们要加强学习进而提高辨别能力，另一方面也要积极乐观地参与新事物的建构中。

第一，在各界对于新概念尚未形成共识期，我们在保持好奇心的同时要警惕打着元宇宙、"Web3.0"旗号的骗局，保持清晰的思路、审慎和理性。

第二，元宇宙和"Web3.0"概念的视角宏大，因此具有生态属性，那么对于期望参与其中的人提出了更高的理论要求，需要跨学科思维。

第三，科技新概念的背后是人类对未来生活的美好向往，期待我们在科技向善的理念下共同探索更美好世界的到来。

附 演讲报告文字实录

元宇宙的法经济思考暨NFT合规疑难问题[①]

2022年5月8日,王风和律师受邀参加了由"北京信息产业协会元宇宙专家委员会"主办的"元宇宙产业法经济思考暨NFT合规之路探讨"交流会。

会议上,王风和律师针对元宇宙相关的法律合规疑难问题做了一场主题报告,报告题目为"元宇宙的法经济思考暨NFT合规疑难问题",从元宇宙经济的底层逻辑基础出发,重点介绍了元宇宙和NFT相关领域法律合规的疑难问题。论坛上热烈讨论了发生在元宇宙领域的经典案例:"胖虎打疫苗""天和空间站"和"三星堆文物"等案例。

(一)元宇宙的经济属性

1. 元宇宙的经济属性

元宇宙的经济属性,本质上是一种财产属性。元宇宙成为一种"财产",经历了生产(也有人称为铸造)、分配、交换和消费4个步

[①] "金融风险仲裁与调解"公众号2022年5月9日发布。

骤和阶段，这是按照传统经济学的一个观点是来定义的。

但是，元宇宙在传统的经济学理论上又有所突破，主要表现为虚拟财产。虚拟财产具有一定经济价值，用户可以在元宇宙中相互交换特定的虚拟财产，或者将虚拟财产交易或者赠送，从而产生了流通价值。因此，在流通的背景下，形成了法律上的权益，这个过程称为元宇宙中的法益流动。

2. 元宇宙经济属性结构

NFT 有三大属性，时空拓展性和人机融生性都属于技术层面的属性，我们此处主要从法律的层面来看元宇宙的经济属性，也可以称之为经济增值性。首先，虚拟人，这是整个 NFT 的一种高级形态，它将虚拟的房地产、艺术藏品、数字劳动、社交互动等，通过人机互动结合起来，产生了虚拟财产的使用的价值；其次，在虚拟财产的基础上进行产品交换，从而产生传播、变现和资本价值等。最后，达到虚实共生的增值，实现元宇宙与现实产业相融合。当然了，这是元宇宙产业的理想状态。我们目前的发展还不够健全，交易过程高度依赖于数字货币的等价交换以及虚拟和现实产业的融合上，仍然存在着虚实共生的争执。

（二）NFT的法律属性

1. 元宇宙信息爆炸

元宇宙信息爆炸主要存在于 VR/AR、游戏、NFT、虚拟人几个领域。从近期来看，资金市场对 NFT 和虚拟人更感兴趣。

例如，"天和空间站"的图片也是在某大厂平台上发行的 NFT 产品。目前，将一些重要产业的相关图片做成 NFT 进行销售，是一个非常超前的思路。

2. 关于NFT的法律属性

目前主流观点主要有如下三类。

（1）物权属性

如果是实体艺术品，购买一件艺术品，对其拥有了物权。而如果是数字艺术品，当购买或者铸造（Mint）出来的时候，对其并不会拥有物权。

（2）知识产权@智慧权

目前我国法律上并没有"智慧权"这一概念，但是笔者认为，知识产权在国内应用范围较狭窄，法益有限，知识产权的保护可能在交易中通过秘钥解决，智慧权基于人脑科学则无穷大。现有的"知识产权"范畴已经不足以完整的界定NFT项下的权利，所以此处采用一种更广义的"智慧权"来表达更合适。

那么，既然是无形财产，我们是否对其拥有知识产权呢？这里首先要区分NFT本身和NFT指向内容，NFT本身是代币，它只是一串数据或者代码；NFT指向内容就是那串数据记录的内容，它可以是音乐、是房产、是某张图片或者其他任何东西。尽管可以用该代币看到作品信息、缩略图以及交易的哈希，但代币本身不包含智力创造。

（3）数字资产

自从2020年5月28日以来，《民法典》把数字资产列入法案，数字资产正式进入大众的法律视野。NFT产品是否属于数字资产？目前社会能够接受的主流观点表现为一张通证，是数字资产的一种形态。

3. NFT 项下的物权与智慧权之争？

物权？

有人认为，我国物权体系下的所有权包括对权利客体排他性的占有、使用、收益与处分，一般权利客体即是具有排他性与竞争性的各类动产与不动产。而 NFT 通过区块链技术手段令数据文件具有了事实上的排他性，并有效解决了数据文件易于篡改、难以特定等问题。NFT 持有人对其 NFT 所享有的权利包括排他性占有、访问、控制、使用、收益与处分等，性质上与物权保护体系下的所有权更为接近，而与传统的债权、知识产权等则存在较大差异。

但我们认为，NFT 已经突破了传统物权项下占有、使用收益和处分的权利。比如说，在不需要占有的情况下访问欣赏？或者密钥的借用？等等。当这种没有排他性的权利存在时，我们应当如何界定？这是一个法律上存在争议的问题。

智慧权？

目前，已经有人将故宫博物院的镇馆之宝"千里江山图"制作成 NFT，并在平台上销售或者观赏。值得注意的是，若是将这种以公共领域的公共产品以 NFT 的形式发布到平台上，并且以盈利为目的进行销售或流转，是存在涉嫌法律侵权问题的，目前有关机构还没有注意到这个问题。

那么，获得了 NFT，是否就一定获得了相应的智慧权（知识产权）呢？我们认为，应当根据具体问题具体分析。在法益交易中，一方面，在于合同对于具体权利的约定；另一方面，则依赖于技术条件是否支持。

理论上，随着技术的发展，技术可支持的条件下，合同可以约定特定的技术方式，从而让 NFT 所指向作品的知识产权被包含在交易对象中，如利用智能合约可编程可设计的特性实现知识产权的交易，比如通过技术手段限定播放时间、播放方式、播放环境甚至播放对象等，实现具有非物质性的知识产权在交易后能够被特定主体有效控制，这就间接在区块链上实现了智慧权的权利保护。

（三）建立区块链上物权@智慧权交换的共识机制

区块链上对物权或者智慧权交换的共识机制是什么？按照马克思政治经济学，物的价值首先体现在使用价值上，凝结在商品中的一种无差别的人类劳动，它是一种抽象劳动。在元宇宙中，这种抽象劳动是一种智慧，例如，以某种艺术藏品的形式展示出来，从而为特定的艺术藏品赋予了价值，那么这种"价值"到底值多少钱呢？能不能用货币衡量？

1. 共识机制下 NFT 的价值

按照马克思政治经济学的观点，"价值"是无差别的人类劳动凝结，即产品价值。具有不同使用价值的商品之所以能按一定比例相交换，如：1 辆轿车换 20 匹马，一匹马换 20 只羊，是因为它们之间存在着某种共同的、可以比较的一般等价物。这种共同的、可以比较的一般等价物在商品交换中充当了物的媒介，媒介具有货币属性，商品的使用价值、媒介、一般等价物的货币属性、物的交换，构成商品的自然流通，这个过程最后就形成了市场。所以无差别的人类抽象劳动凝结在商品中并在市场中流动，就形成了交换共识机制。共识机制下的 NFT 价值表明：NFT 产品必须具有使用价值是价值存在的物质承担者。

(1) NFT 是抽象劳动的凝结

NFT 是智慧产品，具体劳动和自然物质相结合创造出商品，抽象劳动凝结在商品中才有价值。

(2) NFT 价值是看不见的

它只有在商品交换中，通过一种商品与另一种商品的相互对等、相互交换的关系才能表现出来；物是交换价值的内容，交换价值是价值的表现形式。

(3) NFT 具有社会属性

NFT 具有社会属性，它在商品交换和商品流动中产生价值，由此产生复杂劳动的社会关系。当某一种物的价值从简单的满足人们生产、生活，转变为一种满足人们"精神享受"的价值时，它的价值一般会翻好几倍。例如：以前我们过去用马匹来从事运输，或者是作为劳动生产资料。而如今，我们开始将马术作为一种爱好，骑马成为人们游玩和享受生活的一种精神消遣方式，这样的交换价值一般会远远高于运输或者生产资料的成本。在区块链中，人们认可某一种虚拟资产所具有的特殊商品价值，那么在这种共识上形成的产品交换，就构成了区块链上物权或智慧权交易的共识机制。

2. NFT 的交换价值

人们在元宇宙下达成共识，可以用来在区块链上进行的 NFT 产品交换，至少要具备以下几个属性：价值属性、商品属性、收藏属性、其他精神享受。其中每个属性都是层层递进的，越是到后面，越是倾向于高价格的稀缺的 NFT 产品。

所以，NFT 产品的限量版就是一个很好的商业模式。关于 NFT 的交换，铸造完成后的 NFT，表现为"数字通证"，具体体现为"公钥"和"私钥"这对数据参数。公钥永久公开体现于 NFT 历史记录，包含权属、价值、交易记录等基本信息，是每一个 NFT 价值确定性和物权特定性的基础，能够印证其来源、真实性和市场价值；私钥则由持有者个人掌握和控制，是 NFT 持有者所持有的权属证明，同时，NFT 所有者通过私钥实现对 NFT 权属变动的绝对控制。当 NFT 交易发生时，新的交易合约和交易记录也继续写入区块链，成为区块链上不可篡改信息的一部分，同时，购买者将收到系统分配的新的私钥，成为 NFT 新的持有者。

3. NFT 的发行和出售

作品创作者自己或者委托第三方制作者，将智慧和创意制作为 NFT，授权给 NFT 发行方发行，并在 NFT 交易平台上进行出售和资金结算。目前看来，交易平台有的是双版平台，有的是单一版平台。双平台在发行平台的基础上，还开发了二级市场交易平台、展示平台或者国外已有的一些 NFT 抵押融资服务平台。NFT 可以在平台上进行交换、出售或者赠送。

（四）在共识机制上进行产品交换

1."智能合约"是 NFT 交易核心

NFT 由代表数字资产或非数字资产内容的数据——"智能合约"铸造（mint）而成。"智能合约"是 NFT 交易的核心，也是 NFT 的本质。智能合约体现在 NFT 的物权 @ 智慧权确认、确认 NFT 的权属并能够自动管理后续交易，形成良好的交易秩序——例如：使创建者可以在 NFT 的每一次交易中自动收取版税。智能合约数据写入区块链后，自动生成依托于区块链的具有财产的专有属性且唯一、不可篡改的哈希秘钥。

2. 链上智能合同体系的搭建

链上智能合同体系的搭建是元宇宙难度最大的一项工作，专业性涉及科技、法学、金融学、知识产权（版权）混搭的结构。

（1）学科交叉混搭合约自动执行

基于智能合约可以自动执行合同双方的意思表示。相比较传统合同，智能合约能更好地保证合同义务的履行。然而这是否意味着智能合约就可以完全替代传统合同，是否就完全没有风险了呢？显然不是。

（2）智能合约的风险是什么？

智能合约的本质是计算机代码，当代码出现安全漏洞时，无疑会导致风险及损失。而当智能合约出现瑕疵造成损失时，会导致责任主体不明，经营者将面临尴尬境地且可能无法弥补。

（3）交易不可逆

在智能合约交易模式下，交易参与方不可反悔，交易结果不可逆，一旦满足交易条件时，智能合约便会自动执行，可以说合同的缔结和履行几乎瞬间发生，这样给交易极大的方便，不过不足是无法更改合同，无法撤销承诺，这与我国《民法典》中在双方达成一致的情况下可对合同进行变更或者撤销的规定有隐约冲突，对促进交易反而产生了障碍，不过有一个好处，则是利于合同交易的稳定。这是一把双刃剑，交易的智能合约在未来的交易模式还要不断尝试和探索。

（4）交易双验证的交易体系

智能合约通过自动执行代码来完成 NFT 交易，似乎是最适合元宇宙交易的一个有效技术手段。但是，当智能合约出现代码漏洞或其他问题时，传统合同的优势就体现出来了。考虑到元宇宙中交易标的物价值不断攀升、金额较大的趋势，一旦出现交易漏洞或者失误，可能会给当事人造成巨大损失。为了避免交易风险，可考虑通过双验证机制解决合同的撤销和变更机制。

王风和律师建议，交易平台可建立一套结合智能合约及传统合同双验证的交易体系。在元宇宙中进行价值重大的资产交易时，在交易页面应该显示相应的交易条款及合同条款，比如权利义务的特殊约定、违约责任的明确、发生纠纷解决机制等，必要时可以建立反悔机制下的交易冷静观察期。

（五）NFT产权保护原则/路径，数字版权的法律问题

1. NFT 艺术品铸造需作者授权

一个 NFT 对应的是物理世界中一件独一无二的艺术品实物，根据《著作权法》将艺术品数字化是规定的复制行为，该复制权属于作者，未经作者明确授权擅自将他人作品数字化的属于侵权行为。在海外，涉嫌 NFT 的侵权纠纷已经出现。例如，2021 年 12 月，美国艺术家梅森·罗思柴尔德（Mason Rothschild）在迈阿密巴塞尔艺术展上推出了 100 MetaBirkins 系列 NFT 手袋。随后，法国奢侈品牌爱马仕发表官方声明，指控前者未经其授权进行创作和销售。爱马仕集团的一位代表向英国《金融时报》表示，MetaBirkins 系列剽窃了爱马仕铂金包的设计，梅森·罗思柴尔德正在元宇宙中侵犯品牌的商标权。

可以预见，随着国内 NFT 市场的渐趋兴起，此类法律问题也将进一步在实践中出现。从事 NFT 产业的商业主体在推进市场布局的

同时，需格外注重对此类侵权现象的规避。

2. 获得 NFT 是否享有所有权？

不少参与 NFT 拍卖的朋友，认为购买到 NFT 就是拥有了艺术品的所有权？

殊不知 NFT 只是虚拟财产，并不等同于艺术品本身，购买了 NFT，艺术品所有权并没有因此而转移。为避免歧义，买家需仔细阅读订单页面关于权利的描述，发行方、售卖方也需明确表述，以避免权属纠纷。发行、销售时需明文约定艺术品权属并标明权利实现方式？若发生争议的可能会直接适用《民法典》下的侵权责任条款。

（六）数字资产保护的规则、法律规制方法

1. 虚拟财产的法律属性

NFT 这类区块链数字资产具有不同于传统虚拟财产的特征，需要厘清其在我国私法体系中的定位与保护。由于 NFT 产品通过哈希算法，在每个 NFT 产品上产生一个无法篡改的独特编码，使得 NFT 成为表明某个资产权益归属的数字加密权益证明，有人称之为"通证"，因此，NFT 产品具有价值性、稀缺性，符合虚拟财产的法律属性。

2.《民法典》下数字资产保护

我国《民法典》第一百二十七条规定："法律对数据、网络虚拟财产的保护有规定的，依照其规定。"但至今仍缺乏与之相衔接的相关配套规定。"数据、网络虚拟财产"的客体是否指向数据文件这一层面，以及该类保护究竟属于何种权利性质的保护，是债权、物权或知识产权，抑或是一种新型权利或权益，都不明确。就 NFT 等新型数字资产而言，其因存在于区块链系统而具有不同于传统虚拟财产的特征，如果这些特征使得资产权属与资产数量等信息得以清晰确定，持有人可以对其行权排他支配，若符合物权特征的，应参照物权保护路径进行产权保护。《民法典》的权利保护呈现开放性，法典开宗明义，体现数字权利保护宣示功能，具体到实践中数字资产保护路径趋于多元化格局。

（七）《数据安全法》下数据安全和个人信息保护

1. 数据安全

2021年颁布施行的《中华人民共和国数据安全法》是我国数据领域的基础性法律，系统性地聚焦于数据安全领域的风险隐患，加强国家数据安全工作的统筹协调。

在数据安全背景下，元宇宙内不同应用之间、元宇宙和外部设备间的数据交互过程，以及外部设备采集、存储、处理、分发、利用和处置个人行为数据的过程，在技术层面上需要区块链相关的分布式网络、共识机制、智能合约、隐私计算等加以支撑，在法律层面上则需要受到数据安全相关法律法规的严格约束。

数据安全和个人信息保护的重点是：数据分类分级管理，数据安全审查，数据安全风险评估、监测预警和应急处置等基本制度。其中，《数据安全法》于第四章专门规定了数据处理者应当遵循一系列的"数据安全保护义务"。对于开展数据处理活动的元宇宙公司而言，应当依法严格遵照履行此类义务，对于大多数元宇宙公司的管理者和实际控制人可能还没有清晰的认识。

王风和律师以个人的名义建议元宇宙平台：

1）元宇宙平台开展数据处理活动首先应当依照法律、法规的规定，建立全流程数据安全管理审查制度，如果自己做不了可以委托专业的法律咨询机构解决；

2）组织开展数据安全教育培训，采取元宇宙商业模式合法性论证，建立相应的技术措施和其他必要措施，保障数据经营安全和无害他人信息；

3）应当加强风险监测系统建设，发现数据安全缺陷、漏洞、堡垒机穿透等风险时，应立即采取补救措施；

4）根据法律、行政法规规定提供有关增值电信数据处理的，服务运营商应当取得专项行政许可；

5）提供与区块链有关的增值服务，应当主动到电信主管行政机构备案；

6）其他合法性合规注意义务。

以上的合法性要求与合规性要求是经营元宇宙平台的一般性注意义务，经营者须满足国家和属地管辖行政区域的日常监管要求。

2. 个人信息保护

元宇宙基于扩展现实技术提供沉浸式体验，这一特质意味着用户的大量个人信息不可避免地将被导入运营平台。如何有效贯彻落实个人信息安全保护是法律法规的基本要求，也是元宇宙项目主体必须高度重视的问题。

公民个人信息安全保护法律体系中，《民法典》《消费者权益保护法》《网络安全法》《电子商务法》等均对个人信息保护问题作了规定。《个人信息保护法》构成了我国个人信息保护领域的基础性立法，对于维护网络空间良好生态、促进数字经济健康发展具有深远意义。

元宇宙运营方在收集、存储、使用、加工、传输、提供、公开删除用户个人信息时，均需严格遵守法律规定，履行个人信息保护义务。

除了法律、规章、司法解释之外，相关部门针对个人信息保护问题还出台了大量的规范性文件以及国家标准、行业标准等。对于从事个人信息处理的元宇宙运营方而言，一方面应当严格遵循具有强制约束力的相关法律法规，另一方面亦有必要参酌相关标准、行业协会不定时发布的技术指南，不断完善平台个人信息合规的体系构建。

（八）元宇宙法律合规问题

法律合规问题贯穿于元宇宙的各个方面。例如，我们在"元宇宙的法经济思考暨NFT合规疑难问题（二）"中讨论的，在NFT发行和出售中，创作、发行、交易、结算和消费五个环节缺一不可，且每个环节都涉及相关主体的合规问题。例如：一些博物馆、美术馆等馆藏艺术品，比如三星堆发行的NFT数字藏品，就涉及权利主体授权、产品铸造和发行权限、藏品价值传播边界、交易平台合规管理等问题，具体而言，相关主体是否遵守了国家法律、如何处理这些技术要求？这些都是我们需要不断加强制度建设和合规监管的重要环节，也希望有关文化艺术监管部门、文化艺术公共场所管理者勇于突破制度篱笆，做好历史的守护者，为弘扬人民艺术奉献智慧。

1. 防范以元宇宙名义进行非法集资的风险提示

2022年2月18日，根据中国银行保险监督管理委员会处置非法集资部际联席会议办公室发布，提醒投资者应注重防范以下几种方式以元宇宙名义进行非法集资的有关手法：

1）编造虚假元宇宙投资项目；

2）打着元宇宙区块链游戏旗号诈骗；

3）恶意炒作元宇宙房地产圈钱；

4）变相从事元宇宙虚拟币非法牟利；

5）其他非法行为。

以上五点我认为是行政监管的红线。

2. 元宇宙违法犯罪的高频种类

（1）非法吸收公众存款罪、集资诈骗罪

有的不法分子捆绑元宇宙概念，宣称"边玩游戏边赚钱""投资周期短、收益高"，诱骗参与者通过兑换虚拟币、购买游戏装备等方式投资。此类游戏具有较强迷惑性，不法分子存在卷款跑路等风险。

【案例】

据央视报道，在网上搜索元宇宙区块链游戏，可以看到大量结果，不少甚至宣称可以边玩边赚钱，投资30万元，两周就能赚14万元。央视网记者实地探访福建福州的一家自称为元宇宙研究院的公司，网上不少夸张宣传就出自这里。公司一位自称总监的工作人员称，这款元宇宙区块链游戏只要花钱买装备就能投资理财。想要进行投资，需要先缴纳6000元以上的服务费，其次还需要分成每月收益的20%；投资额度按照游戏里的装备价格来确定，最低投资一般在2万元以上。

【律师评析】

目前，市面上的NFT发行方式五花八门，但万变不离其宗。发行方应避免采取保本保收益的发行方式，更不得设置类似的发行规则或者提供相应的变现渠道。我国《刑法》第一百七十六条规定，非法吸收公众存款或者变相吸收公众存款，扰乱金融秩序的，构成非法吸收公众存款罪。

在上述案例中，该发行方式若同时满足了非法性、公开性、利诱性和社会性四要素的情况下，因此很可能构成非法集资；若是以非法占有为目的，还可能构成集资诈骗罪。

（2）组织、领导传销罪

所谓传销，是以推销商品提供服务等经营活动为名，要求参加者以缴纳费用或者购买商品服务的方式获得加入资格，并按照一定的顺序组成层级，直接或间接以发展人员的数量作为计酬或者法律依据，引用胁迫参加者继续发展他人参加骗取财物。

【案例】

上海公安局在今年3月15日召开的新闻发布会中，向社会披露了一起涉案价值在亿元以上的虚拟货币网络传销案。在实际操作中，该平台首先会诱导会员购买大量的虚拟货币，再将虚拟货币兑换1000个该平台自己发行的代币作为会员的入门费，同时要求会员通过发展下线拉人头实现进一步盈利，并专门设置了各种直推奖、间推奖、团队收益等返利奖励，不断扩大层级和组织规模。

【律师评析】

如果所设置发行条件中，允许将每次交易都将给标的的所有者或者交易上家支付一定比例的利润，就很容易判断其具备传销组织的形式。再加上相应的NFT元宇宙等概念，目前受到了市场的追捧，更加容易导致泡沫，而发起人等参与者亦涉嫌构成组织领导传销罪。

（3）侵犯著作权罪

正如上一篇文章中提到的，NFT艺术品铸造需得到作者的授权。一个NFT对应的是物理世界里一件独一无二的艺术品实物，将艺品数字化是规定的复制行为，该复制权属于作者，未经作者明确授权擅自将他人作品数字化属于侵权，情节严重的将构成刑事犯罪。

【案例】

在早些时候，就有黑客入侵了知名艺术家班斯基（Bansky）的个人官网，发布了一幅数字作品，并将该画作铸造成为NFT，并挂在了世界最大的第三方交易平台OpenSea上进行出售，导致某位用户误以为该画作的确是班斯基所做，并为此支付了超过近30万美元的对价。

【律师评析】

根据我国《刑法》第二百一十七条规定，以营利为目的，有下列侵犯著作权或者与著作权有关权利的情形之一，违法所得数额较大或者有其他严重情节的，处三年以下有期徒刑，并处或者单处罚金；违法所得数额巨大或者有其他特别严重情节的，处三年以上十年以下有期徒刑，并处罚金：①未经著作权人许可，复制发行、通过信息网络向公众传播其文字作品、音乐、美术、视听作品、计算机软件及法律、行政法规规定的其他作品的；②出版他人享有专有出版权的图书的；③未经录音录像制作者许可，复制发行、通过信息网络向公众传播其制作的录音录像的；④未经表演者许可，复制发行录有其表演的录音录像制品，或者通过信息网络向公众传播其表演的；⑤制作、出售假冒他人署名的美术作品的；⑥未经著作权人或者与著作权有关的权利人许可，故意避开或者破坏权利人为其作品、录音录像制品等采取的保护著作权或者与著作权有关的权利的技术措施的。

因此，除NFT发行方需特别关注该风险外，NFT的发行平台或交易平台也应当要注意。对于在该平台上架的NFT，建议平台要制定严格的审核机制，甚至可以委托律师来做尽职调查。同时，有异议的要注意履行通知删除义务，并在平台的交易规则中，就前述情况下，收藏者和发行者应当享有的权利或者承担的义务做明确的约定。

（九）结语

对元宇宙产业的美好祝愿：在 Web3.0、数字经济时代，元宇宙正在瞄准成为下一代互联网科技新的产业方向前进，从元宇宙涉及的行为规范，特别是对元宇宙的伦理出发，从元宇宙的底层逻辑出发，元宇宙有极具吸引力的品格。

元宇宙就像一个新生的婴儿，呱呱坠地，而且一出生就活蹦乱跳，作为长期在产房里工作的医务工作者，既惊喜又担心，惊喜的是他强大的基因，担心的是他长大后出乱子……

所以希望给元宇宙一个宽松的成长环境，同时赋能一种伦理和爱，希望他茁壮成长！

相比较，我们传统社会的伦理是：人、行为、社会、规则、行为规范、遵纪守法……

元宇宙空间伦理是：人、行为、虚拟空间、智能合约 @ 技术习惯。

元宇宙极具吸引力的品格是：公开透明、公平交易、童叟无欺，自由美好的大同世界……

祝福元宇宙自由且健康的一路成长！

元宇宙的法经济逻辑与重要制度[①]

2022年7月14日,王风和律师组织参加了"元宇宙合规法律论坛"。

在会议中,王风和律师以"为什么要做元宇宙报告"为切入点,介绍了推进研究元宇宙的合规法律问题的必要性。随后,王风和律师从"元宇宙的经济属性与法律属性、元宇宙暨NFT的重要法律制度、建立区块链上物权/智慧权交换的共识机制、基于NFT的产权保护原则/路径与数字版权的法律问题、元宇宙产业发展的核心问题"等方面出发,通过列举"元宇宙9项重要法律制度"、介绍元宇宙的技术突破等方面的信息,向与会众人分析探讨了元宇宙在未来发展与落实中可能涉及的法律相关问题,贡献了团队对于元宇宙产业发展的思考,并提出建议。

第一,元宇宙的经济属性和法律属性。NFT想要做合规,首先要明确它是何物。有人把NFT称为数字藏品,这个表述不够准确。作为法律人来讲,无论是NFT还是NFR,它是一种数字资产,是资产向下的权益。只有权益才能进行交易,没有权益,就会缺乏对应的法律基础,必须有形地对数字资产进行定位。第二,元宇宙暨NFT的重要法律制度。第三,建立区块链上物权/智慧权的共识机制。作为一个交易标的,首先要有共识机制,共识机制是法上的逻辑。第四,在共识机制上的产品交换形成智能合约。我个人的观点是智能合约的设计应当简洁,此外,还可以建立一套结合智能合约及传统合

[①] 来自"金融风险仲裁与调解"公众号2022年7月16日发布。

同双验证的交易体系。在元宇宙中进行价值重大的资产交易时，在交易页面应该显示相应的交易条款及合同条款，比如权利义务的特殊约定、违约责任的明确、发生纠纷解决机制等，必要时可以建立反悔机制下的交易冷静观察期。第五，基于NFT的产权保护原则/路径，数字版权的法律问题。第六，数字资产保护的规则、法律规制方法。第七，数据法下的安全和个人信息保护。这些都是调整权益最重要的法律制度，我把它称为"基础设施"。第八，元宇宙合规的法律问题与司法区块链的应用。第九，元宇宙产业发展的核心问题。

元宇宙的经济属性。主要是财产属性，表现为用户在元宇宙内部的财产分配、交换和消费。用户在元宇宙中生产虚拟内容，而这些虚拟内容具有一定的经济价值，属于用户的虚拟财产。财产具有经济价值，也应当具有交换价值，但是现在大厂的一些NFT交易是没有二级市场的，仅存在购买或者赠予等方式获得虚拟财产，其实这个现状并不利于市场的活力。我们认为，元宇宙的经济属性包括时空拓展性、经济增值性、人机融生性。在经济增值性中的虚拟人，我们预判这将是元宇宙发展最重要的一个重点和突破方向。

元宇宙共有八项重要法律制度。第一，治理及监管系统涉及的主体要有三方，投资人、平台投资方（如鲸探、幻核）、第三方服务机构（如咨询顾问、银行）。目前关于元宇宙的咨询行业还没有兴起，我们预计会有一个异军突起的爆发点。第二，运营系统。共识机制向下产生智能合约，我们建议智能合约应当简洁高效发挥作用，避免复杂，并且在元宇宙中进行价值重大的资产交易时，启动智能合约及传统合同双验证的交易体系。第三，基于NFT的产权保护制度。现阶段，元宇宙的数字资产时刻有被侵权的风险。数字资产保护最基础的法律渊源是《民法典》第一百二十七条，这是一个开放性的法条，为元宇宙初期的模糊阶段留足法律空间。第四，数字资产投资和保护制度。现在已经有了比较完整的数字资产投资和保护制度。第五，数据法下的数据安全和个人信息保护。第六，元宇宙法律合规和司法区块链的应用系统，包括杭州互联网法院、北京互联网法院、广州互联网法院三大互联网法院的案例发布仍比较谨慎，目前引起轰动的仅是杭州互联网法院发布的"胖虎打疫苗"NFT侵权首案。第七，反欺诈和冒烟指数系统。将来元宇宙的监管启用"冒烟指数"是题中之意，这是一种弱监管。第八，国际多边合作反洗钱系统。目前的反洗钱需要升级，在元宇宙背景下以人工操作的方式进行反洗钱是存在难度的。元宇宙的各项制度应当配套实施，中国要建立元宇宙的国际标准，就意味着不能存在短板。

科技带来的技术革命导致元宇宙信息爆炸。元宇宙相关40余个产业都在启动中，目前的产业突破在VR/AR、游戏、NFT、虚拟人（人工智能）。近期来看，资本市场对NFT和虚拟人更感兴趣。

为数字政府建设提供有力法治保障
——兼论数字法治管理思维暨区块链数据应用[①]

7月20日，司法部行政学院召开"构建数据基础法律制度体系助力数字政府建设"理论研讨会。北京仲裁委员会/北京国际仲裁中心仲裁员、北京金融风险现场检查组负责人、盈科律师事务所高级合伙人王风和律师，受邀参加了本次研讨会，并在会上做了"数字经济

---

① 来自"风和观察"公众号2022年9月28日发布。

暨元宇宙区块链应用"的报告。

发展数字经济为什么要做区块链、元宇宙和 NFT 交易市场？2022 年 7 月 13 日，上海市人民政府办公厅印发《上海市数字经济发展"十四五"规划》的通知。通知中有一项："支持龙头企业探索 NFT 交易平台建设"。这是关于 NFT 交易市场的一个极为重要的日子，这个"通知"与 2022 年 5 月 23 日中办/国办印发的《关于推进实施国家文化数字化战略的意见》共同构成了发展数字经济的两个里程碑。

1. 数字技术赋能政府服务

习近平总书记在第十八次中央政治局集体学习时强调："发展数字经济是把握新一轮科技革命和产业变革机遇的战略选择……要探索利用区块链数据共享模式，实现政务数据跨部门、跨区域共同维护和利用，促进业务协同办理，深化'最多跑一次'改革，为人民群众带来更好的政务服务体验。"在《中华人民共和国国民经济和社会发展第十四个五年规划和2035年远景目标纲要》(《"十四五"规划》)中，提出要"加快推动数字产业化和产业数字化转型"。2022 年 5 月 17 日，全国政协在京召开"推动数字经济健康发展"专题协商会，会上提出了一系列数权理论和数权使用规则等激发企业创新活力的政策建议。

2. 防止数据资本无序扩张

数据、数据资本、数字资产都是 2022 年社会上的"热词"，但是数据也有不利的一面。比如说，数据无序扩张会导致数据寡头出现，也可能会导致政府数据匮乏，数据寡头还会导致经营者集中，造成大幅度的数据垄断，引起行业恶性竞争。此时，就要进行公共权力的干预，否则会给予数据寡头可能"作恶的机会"。此外，中小企业该如何使用公共数据？扶持中小企业是当前特定时期以及今后相当长一段时间内国家发展的战略选择。想要中小企业获得数据、合理的运用数据、更好地维护公共数据资产和数据安全，建议政府尽快建立一个完整的政务系统，防止数据寡头滥用优势地位而导致资本的无序扩张。

3. 推动数据合法有效流动

根据《国务院关于加强数字政府建设的指导意见》中，提出要求创新数据管理机制：

如何创新数据管理机制？我们认为：第一，用区块链技术建立一个完整的数据政务体系，加快构建标准统一、布局合理、管理协同、安全可靠的全国一体化政务大数据体系。第二，进行数权分层管理，明确数据归集、共享、开放、应用、安全、存储、归档等责任。第三，加强对政务数据、公共数据和社会数据的统筹高效利用。

如何深化数据高效联通共享？第一，建立全国标准统一、动态管理的政务数据目录。实行"一数一源一标准"，充分发挥全国一体化政务服务平台的数据共享枢纽作用，实现政府信息收集系统与执法、司法系统数据按需共享。第二，有序推进国务院部门垂直管理业务系统数据横向共享。第三，加强数据治理和数据全生命周期质量管理，制定数据分类分级标准。

4. 政府数字法治管理四大应用体系

区块链下政府数字法治管理应用系统应当包含四个部分。第一，数据监管系统。目前的数据监管还没有形成体系化模式。第二，不正当竞争防范机制。目的是能够有效防止形成数据寡头和数据滥用。第三，工作流体系。工作流体系目前在各级政府建立相对比较成熟。第四，公共服务体系。公共服务体系目前初具规模，但是公共服务体系的规模、质量和公共服务体系的效能仍需加强。元宇宙基础设施有9项重要制度，包括：监管制度、运营制度、基于NFT的产权保护制度、数字资产投资和保护制度、数据法下的数据安全和个人信息保护制度、元宇宙合规和司法区块链的应用制度、反欺诈和冒烟指数系统、国际多边反洗钱系统。

"让数字多跑路，让群众少跑路"是党中央"为民法治"的基本方略，数字法治政府要体现数据公共服务的社会功能，法律是数字资产的基础设施，法律人要在数字经济战役中有所作为。关于实施"数字资产，数字化战略"，无论前面荆棘丛生还是道路坎坷，我们终将跨过雪山，迎来草原。

iCloser&北京工美金作工坊爱新觉罗·恒锴文化数字藏品发布会[①]

2022年8月8日，王风和律师受邀参加iCloser&北京工美金作工坊爱新觉罗·恒锴数字藏品发布会。

元宇宙从2021年兴起，迅速燃遍中国大江南北。我们看到，元宇宙产业已经从文化领域渗透到经济、科技、旅游、法律等30余个行业。我们预计，随着国家对数字经济战略的推动，元宇宙产业在未来五至十年，将成为数字经济发展的重要力量。

说到元宇宙法律，我提供一些个人的看法和思考：

---

① 来自"金融风险仲裁与调解"公众号2022年8月11日发布。

第一，任何新的产业的发展都离不开法律的合规，元宇宙产业也一样，需要在法律合规的体系下健康发展。

第二，我所在的仲裁机构在元宇宙法律合规和争议解决方面都已经做了较深层次的研究，并对具体元宇宙应用商业模式实践做了深入的观察。元宇宙产业主要包括三方主体：第一是版权方。包括：原创作者，像爱新觉罗·恒锴老师这样的著名画家、艺术家、版权持有单位，比如，博物馆、美术馆以及各类文化场馆。第二是委托发行和铸造平台，为NFT产品提供发行的平台。第三是NFT产品的交易市场。版权方、铸造平台、发行方，交易所这几方参与者都离不开法律的合规。我们希望元宇宙产业在未来能够健康、规范发展，同时，作为法律人，我们也愿意奉献我们的力量，为元宇宙的参与者们保驾护航。

第三，建议平台在做元宇宙智能合约过程中植入仲裁管辖条款。元宇宙产业的发展一定会不断产生争议，建议植入管辖条款并约定在仲裁委员会。现在我们国家的争议解决主要是两种途径，一个是人民法院，一个是仲裁委员会。人民法院现在案件压力大，去年全国法院受理的案件是3500多万起，各级法院案多人少，可能会出现案件审理周期长、无法快速解决纠纷等情况。仲裁机构的案件是一裁终局制，同时也有一大批在社会乃至国际上领先的法律实务专家，能够充分保障案件处理的过程中准确确权、公平权利、高效化解纠纷。

2022年7月14日，上海市政府发布了《"十四五"战略规划》，明确提出了支持龙头企业发展NFT。近几天，我观察到全国有四五个省份已经出台了数字经济和元宇宙产业的发展计划。北京市也在紧锣密鼓地进行当中，我也有幸参加了北京市科委组织的政策研讨会，会上有一些振奋的消息传出。最后，祝福未来元宇宙产业在数字经济领域能够大展宏图。

数字藏品的监管逻辑与合规重点[①]

2022年8月16日，王风和律师受邀参加北京信息产业协会元宇宙专委会成立大会暨第一次委员代表大会。

王风和律师在会议中，从发行人平台准入、发行平台运营规范、数字藏品的消费和投资者保护、数字藏品的行业发展趋势导向、元宇宙数字藏品合规的重点五个方面阐述了数字藏品的监管逻辑与合规重点。

王风和律师指出：2022年5月22日中办/国办发布的《关于推进实施国家文化数字化战略的意见》，意见中提到"文化产权交易机构要与区块链、大数据等技术实质性地融合，为文化资源的内容确权、评估、匹配、交易和分发提供专业服务"，明确鼓励数字相关产业的方向。这个战略性的部署在2021年元宇宙的"社会热点"之后，掀开了新一轮的热潮。在这个基础上，2021年7月13日，上海市政府办公厅印发《上海市数字经济发展"十四五"规划》的通知，通知中支持"由龙头企业探索NFT交易平台的建设"，这是一个重磅消息。大家知道，目前NFT交易的二级市场没有放开，上海市地方政府的文件对于数字藏品的交易掀开了一个口子。我最近观察，在全国有二十余个城市对数字藏品交易平台都发布了积极的产业政策并且支持落实相关元宇宙产业落地。

---

① 引自"金融风险仲裁与调解"公众号2022年8月31日发布。

元宇宙合规是一个监管的重点，发展数字经济我们过去的教训还是比较多的，比如"P2P整改肃清"，甚至是"持牌类"金融机构都出现了这样的那样的一些风险问题。一个新兴产业，一开始就要加强合规建设，产业发展和规范运营要同步双轮驱动，以免走入歧途。首先，从元宇宙概念上达成共识，包括社会上和实务界的NFT共识。其次，关注元宇宙的基础设施建设，例如区块链的公链应该达成什么样的条件？再次，了解NFT的国内政策走向和国际市场。NFT建设一定是跨境的，坦率地讲，在区块链上建立数字资产的交易必须打破了行政上的"藩篱"。市场上有一些限制在云端或者链上被弱化，尤其是建立全球的NFT交易市场，要高举高打，不能有一点儿含糊。因此，上海市7月13日的发文强调了NFT的交易市场是受完全监管的一个要素市场。最后，是NFT在链上的发行与交易，建成高速信息完整的公链系统，这个公链要完全开放，不能仅仅是私链。目前，大量在联盟链上运行的NFT产品，要逐步实现区块链改造或者节点开放。

从法律权利特征上看，数字藏品发行的表现是一个"类证券化"的形式，过去证券市场的IPO首次发行股票是在场内的交易所完成的，现在链上发行NFT通证，其实是自然形成了一个"链上交易所"，NFT的一级市场和二级市场要有完整的衔接。关于NFT发行交易，包括的内容就比较多了，比如：发行的主体、发行的模式、发行的授权、智能合约的建立、NFT结构化产品的铸造、发行平台合规要求以及NFT相邻关系和价值互认，价值互认是NFT流通市场一个必不可少的要素。

关于未来对元宇宙的监管，还有一些其他值得关注的方面，比如元宇宙的数据安全和网络安全。此前，武汉元宇宙研究院成立时，武汉市政府和与会专家非常重视数据安全和网络安全，专家的工作地点就设在武汉市的国家网络安全研究基地。对元宇宙的监管方式，我们国内的监管是分领域的，比如，科技、金融等领域都有各自对应的行政主管机构，对于元宇宙的监管目前是模糊的，元宇宙的监管正处于九龙治水的格局。科技类的归科技部，数字类的归工业与信息监管，经济、金融也有各自对应部门，元宇宙的监管要搭建特殊机制，这个机制的雏形我们预测是以分业监管为主体，混合监管为补充的分层监管。前不久，国务院成立了关于数字经济的部际联席会议，办公室设立在国家发改委之下，预计未来的元宇宙监管格局是以部级联席会议下的分业监管形式，监管共有 20 个部委参与。部级联席会议的职能，主要是发布元宇宙和数字经济发展的政策和解决监管协调的问题。

按照数字藏品监管白皮书中的内容，在具体操作层面跟大家分享几个合规重点，第一，发行人平台的准入条件，这个体现企业的竞争力；第二，互联网经营合规，主要是用户信息安全、网站数据安全、内容安全、资产安全几个方面；第三，关于数字藏品平台参照的资质；第四，实现数字藏品的唯一性；第五，藏品合规，合规包括藏品资源合规和权益合规；第六，是对数字藏品交易所的许可；第七，建议完善数字藏品的备案制度，备案制度是监管的现实的选择。

智能合约之道之法[①]

2022 年 9 月 17 日王风和律师受邀参加北京信息产业协会元宇

[①] 来自"无界之媒"公众号 2022 年 9 月 18 日发布。

宙专家委员会区块链共识机制专场报告会。

在会议中，王风和律师提出"智能合约之道之法"，将智能合约的逻辑起点作为话题引入，分别从概念、技术、法律属性、主体、客体、法律规则与法律分歧方面对智能合约问题进行了有关阐述。

王风和律师认为智能合约的逻辑起点为：智能合约是远古老子的合约（李尔之道），是凝聚了李尔、古代科技与当代人文技术的实质性融合。因此，智能合约对区块链行业是一个巨大的挑战。智能合约是区块链技术中最核心的、最重要的技术合成，融合了技术、法律、金融、社会与伦理等各个方面。在区块链的背景下，交易主体在面对面签订合约的形式会愈发减少，而未来在链上签订合约的形式会愈来愈多。这便需要对智能合约的相关问题进行法律辨析与规制。智能合约（smart contract）概念最早由学者尼克·萨博（Nick Szabo）于 1994 年提出，是指一种旨在以信息化方式传播、验证或执行合同的计算机协议。智能合约允许在没有第三方的情况下进行可信交易，这种"可信交易"，是交易双方基于对区块链的信任，可以瞬间完成且不可逆转的一种交易，具有在技术上达到远程同步交易的特征。

智能合约核心技术是区块链。智能合约的法律属性为：智能合约是作为当事人意思表示的载体；附条件、附期限的自动履行合同相关义务；其"不可撤销性"本质上可以被认定为一类独立担保工具。智能合约的主体为：交易双方或多方；智能合约制作者；区块链平台提供者；其他。包括公证员，第三方服务商，银行等金融服务机构。智能合约的客体为：物——能够被人所支配的物质实体。例如，房屋买卖合同中的房屋，便是一种物；权利——拥有某项资产或知识产权的所有权。例如，某主体开发某一程序，当被他人使用时，需要支付一定的对价；智慧——一种智慧权，来源于英美法系中的"智慧"，非知识产权之外的某种"想法（idea）"，最后能带来现实利益的一种客体。

智能合约的法律规则：第一，法律的公共性。区块链在 2019 年刚刚进入大众视野。因此，对于智能合约等某些崭新的机制上，基于法律的公共性，需要有一定的规则去约束与规制。无论何种领域、何种行业，无论是新开发或新实施的技术规则，都不可违反法律的规制。第二，法律的交易规则的建立。没有规矩，不成方圆，所有的技术应该建立在具体法律规则之上。第三，法律合同的解除义务。对于在合同订立后发生的反悔情形，在区块链中应当制作相应规则，落实相关责任的承担方法。根据禁止反言原则，在法律与技术上都应当明确合同解除后的违约责任问题。第四，法律规则的自动执行。区块链需要解决法律上的授权、确权与执行三个方面的问题。第五，债权的优先性规则。法律上有物权与债权两大体系，智能合约属于债权的范畴，在债权优先的情形下，其他权利便会排后实现。即在区块链中，可以授权特定人在特殊需求下，享有优先权，以此解决区块链中权利属性的优先性的问题。第六，法律的证据支持系统。证据具有真实性、有效性、合法性与关联性的特征。在审理案件中，无论法官还是仲裁员，证据真伪问题一直是案件裁判中的重大难题。因此，在区块链下需要解决证据真伪的问题。第七，争议的解决诉讼和仲裁的技术接口。例如，互联网法院的设立，一定程度上也是为了响应区块链战略的发展，解决更多的诉讼争端。因此，可以通过区块链技术的发展解决大量的诉讼案件与疑难问题。

王风和律师还谈到智能合约存在以下几个方面的法律分歧和争鸣：

1）智能合约的担保机制，并非通过法律手段实现的，而是由技术手段予以保障。

2）智能合约在区块链的"不可撤销性"也产生了诸多法律问题，无"回溯"功能，如何解决？在此提出了双验证功能：指的是要求在链上有双验证系统，来确保双方的意思表示真实，一方面是计算机系统（数据）的验证，另一方面是其他方面的验证。

3）智能合约所涉债权是否优先于其他债权。债权优先性是所有解决双方或多方争议的最重要的逻辑基础，法律要讲究逻辑，即其要解决的逻辑基础便是优先性问题。

4）智能合约之上的财产的强制执行。在现实司法活动中，面临不能执行问题时，通过采取一些强制措施保证财产的执行。最近社会中流传的"老赖"称呼，即是指一些欠债不还被列入失信人员名单的一类人群，通过一些限制手段使这些债务人履行债务，保障债权人的债权。但反观国外，对于此情形，已建立个人破产制度，即通过法院宣告个人破产，可以免掉其所背负的债务。同样，我们也希望通过更人性化的科学化治理，赋予更加科学的治理方案给社会上创业与投资失败的人一个崭新的机会，一定程度上也利于经济的发展。

文化元宇宙的基本问题
——全国首场"文化元宇宙合规专家论坛"-"文化元宇宙的中国印象"前沿工作坊第六期论坛实录[①]

2022年10月21日，王风和律师受邀参加"文化元宇宙的中国

---

① 来自"风和观察"公众号 2022 年 10 月 24 日发布。

印象"前沿工作坊第六期——"文化元宇宙合规专家论坛"。

王风和律师以《文化元宇宙法律合规的基本问题暨元宇宙若干疑难问题探讨》为主题，主要分为三部分对元宇宙合规进行了主旨演讲。

第一，文化元宇宙的基本问题。①发展与监管问题。元宇宙的基本问题首先就是规范与发展的问题，2022年5月，中办、国办发布了《关于推进实施国家文化数字化战略的意见》。该文件从制定层面上看，是由中宣部等11个部委协同制定；实施层面上，是由中央主导、地方主责；内容层面上，构架治理体系实施八大战略，包含了五年计划、2035目标。另外，关于监管的问题。自党的十九大以来，国家提出了坚决打赢三大攻坚战，其中对于防范化解金融风险攻坚战还在路上。因此，对于元宇宙的监管也应当提上日程，具体需要对发行人平台准入条件、运营规范、数字藏品平台和消费投资者的资格审查以及行业发展导向四个方面进行监管示范。由于元宇宙是一种新的产业，我们鼓励对此以一种温和的态度进行监管，但这并不代表着我们可以放任元宇宙产业野蛮发展，我们需要合理规制，防止不正当竞争，保持良好的产业发展秩序。②组织运营系统问题。首先，考虑创作者模式的管理，包括：合作机制——对创造者在平台的注册/登记及作品创建的管理制度；技术保障——基于智能合约作品在后续交易流转中对创作者权益的保障。其次，要考虑交易模式的管理，包括：对NFT交易平台设立资格、挂牌要求、交易方式、定价方式，藏品流转平台流程和链上流程等制定管理细则；注重金融风险防范，例如，未来对NFT交易平台的集中交易、持续挂牌交易、合约交易等违规金融行为须制定防范措施，包括设立风险准备金制度等。关于联盟链运营的管理，即鼓励区块链运营机构对数字藏品在资产数字化、资产确权等方面提供技术和安全保障，重点应当在代码管理、节点管理、版权保护、金融安全防范、业务数据存储上有完整的保障机制。③国际合作问题。主要针对包括：国际反洗钱、国际仲裁、国际互联网终端、国际反欺诈、国际金融以及跨国犯罪协助等六个方面的问题。

第二，元宇宙若干重要问题和应对。一是基于NFT/NFR的产权保护NFT艺术品铸造需得到作者的授权，一个NFT对应的是物理世界里一件独一无二的艺术品实物，根据《著作权法》艺术品数字化是规定的复制行为，该复制权属于作者，未经作者明确授权擅自将他人作品数字化属于侵权。二是数字资产投资和权益保护由于NFT产品通过哈希算法，在每个NFT产品上产生一个无法篡改的独特编码，使得NFT成为表明某个资产权益归属的数字加密权益证明，有人称之为"代币"抑或"通证"，因此，NFT产品具有价值性、稀缺性，符合虚拟财产的法律属性。《民法典》下数字资产的保护路径正在趋于多元格局发展趋势。三是《数据安全法》下的数据安全和个人信息。保护元宇宙内不同应用之间、元宇宙和外部设备间的数据交互过程，以及外部设备采集、存储、处理、分发、利用和处置个人行为数据的过程，在技术层面上需要区块链相关的分布式网络、共识机制、智能合约、隐私计算等加以支撑，在法律层面上则需要受到数据安全相关法律法规的约束。四是司法区块链应用系统对元宇宙的影响与司法系统相结合，对于证据审查、虚拟法院以及司法协作四个方面有着重要影响。例如，电子数据、诉讼主体身份确认、调解协议司法确认、司法区块链自动履行等。五是建议建立冒烟指数系统接口冒烟指数系统是一种风险评估与警示系统。冒烟指数使用工商数据、招聘数据、舆情数据、法院行为信息数据、投诉举报数据、客户提供风险企业数据、监管机构数据和网络爬虫数据等多源异构数据共 150 个数据项，从中提取 320 个变量，形成非法性指数、收益率偏高指数、投诉举报指数、传播力指数、特征词命中指数等多角度学习、可增可减的风险分析子模型，最终通过机器学习模型和专家研判模型共同赋权，得到信用风险评分。

第三，王风和律师对元宇宙产业提出了自己的谨慎建议：①建立首席合规官制度和组建公司治理风险管理系统。元宇宙平台开展数据处理活动应当依照法律、法规的规定，建立健全全流程数据安全管理制度；②组织开展数据安全教育培训，采取合法性商业模式论证，建立相应的技术措施和其他必要措施，保障数据安全；③每 6 个月至 1 年对风险系统定期监测，发现数据安全缺陷、漏洞等风险时，应立即采取补救措施；④积极关注行政许可，法律、行政法规规定提供数据处理相关服务应当取得行政许可的，服务提供者应当依法取得许可，防止带来不必要的监管风险。

《"星火·链网"DNA赋能数字藏品》主题沙龙第四期"行业规范，数字藏品的监管如何落地？"论坛实录[①]

2022 年 10 月 27 日，王风和律师受邀参加了《"星火·链网"DNA 赋能数字藏品》主题沙龙第四期"行业规范，数字藏品的监管如何落地？"。

---

① 《法人杂志》2022 年 12 月第 226 期，第 56 页合规管理。

王风和律师表示，流转问题是数字藏品行业规范发展最难解决的问题，NFT 多重属性带来二级市场流转监管复杂性。从金融、法律、商业、物理等不同角度看，NFT 兼具资产、权益、产品、秘钥符号等多重属性，导致在流转监管中适用不同法律。建议技术层面要探讨智能合约如何解决确权问题，法律层面可以先引导行业协会、数字资产交易所研究交易规则，数藏区块链技术的标准要预留交易规则的接口，底层区块链须增加法律属性，解决司法确权和执行的问题。从法律上来看，数字藏品发行会面临民事、刑事、行政三大类别的风险。

首先，民事责任风险。发行 NFT 前，底层作品应当取得原著作权人或知识产权持有人的授权，不得私自铸造 NFT，否则涉嫌侵犯原著作权人的复制权、信息网络传播权。例如，前不久发生的 NFT 第一案"胖虎打疫苗"，本案件给我们敲响了一个警钟，从民事责任来看，需要对数字产品原著作权人的保护，本案一审判决了平台承担侵权的法律责任，同时也告诉我们平台对数字藏品的发行负有严格的审查义务。

其次，刑事责任风险。第一，NFT 存在非法集资的风险。主要隐患体现为四点：一是编造虚假元宇宙投资项目；二是打着元宇宙区块链游戏旗号诈骗；三是恶意炒作元宇宙房地产圈钱；四是变相从事元宇宙虚拟币非法牟利。第二，存在非法吸收公众存款、集资诈骗的风险。发行方应避免采取保本保收益的发行方式，更不得设置类似的发行规则或者提供相应的变现渠道。第三，存在触犯侵权著作权的风险。如果发行人未经授权，擅自铸造 NFT 数字产品谋取利益，或者平台未经同意擅自将 NFT 数字产品进行发行售卖，则发行人或平台存在侵权的可能。严重者，构成侵犯著作权罪。第四，组织、领导传销的风险。在目前的 NFT 项目发行中，发行方为了吸引人气，在这些推广过程中，也有传销的影子。所谓传销，是以推销商品提供服务等经营活动为名，要求参加者以缴纳费用或者购买商品服务的方式获得加入资格，并按照一定的顺序组成层级，直接或间接以发展人员的数量作为计酬等方式，发展他人参加，骗取财物的行为。

另外，就是行政责任风险。主要针对违反行政监管的规定，对元宇宙从业者进行相应的行政处罚，目前金融部门、文化旅游部门、工信部门、网信办等都负有对数字藏品的监管或者政策指导的义务，我们需要警示元宇宙从业者要高度自律，合法合规经营。防止出现元宇宙产业的大起大落，对经济发展的秩序造成伤害。

关于数字藏品的流转，法律问题非常复杂。我们认为数字藏品首先是一个虚拟财产，对于虚拟财产的流转一定存在着与传统物权不同的问题。第一，概念问题，目前各界对数字藏品存在不同的认识，从概念上看，是称其为 NFT 还是 NFR？都存在着争论。但我们明确的是，无论如何称呼，都需要从多角度来思考，比如：从金融属性来看，数字藏品是一个资产；从法律上来看，数字藏品是一个权证或者权益；从商品上看，数字藏品是一个物或者是知识产权；从物理属性上看，数字藏品是一个哈希密钥或者符号……无论从哪个角度看，概念如何界定？都需要循着法律逻辑在一定权利范围内确权，NFT 的流转在法律上的确权和执行就显得非常重要。

关于 NFT，如果原创作品是一张图片，就会按照物权的原理去流转，如果是一个知识产权，需要对数字藏品进行相关知识产权的界定，若在之后发展过程中物权或知识产权不足以涵盖 NFT 全部范围，可以引用中国台湾学界的一种说法，将数字藏品称为一种智慧，即

"智慧权",这也是我第一次提出这个"智慧权"的概念。在物的基础之上叠加一种智慧,混搭科技的力量,NFT 未来可以给我们更多的期待和想象。

对于数字藏品,不同领域的学者都有不同的观点,但我们最终的目标都是要落实到权利归属上,按照传统知识产权理论,智力成果权能包括身份权与财产权,NFT 有时候身份权和财产权会分离,所以,在确权过程中,NFT 的发行规则尤其重要,我们应该将具体的规则确定出来,特别是财产权的划分。财产权利一定要回归至作者本人,这体现着要保护著作权人的根本利益。

建议:在二级市场的层面上,我们应该研究二级市场的交易规则,以及如何实现区块链上智能合约的自动执行,数字藏品区块链技术的标准要预留交易规则的接口,底层区块链须增加法律属性,解决司法确权和执行的问题。

实现这些内容需要技术与法律的完美结合,我们也相信,未来元宇宙一定会实现法律与技术的实质性融合。

数字藏品发行时,平台应尽义务来保障消费者权益。第一,对原创作者的审查义务,要实质审查作品是否存在侵权的可能,未经授权平台不得擅自发行某个数字藏品;第二,网络购物中有一个"七天无理由退货"的规定,它来源于《消费者权益保护法》第二十五条的规定。有些 NFT 平台推出了"售出概不退货"的店堂告示,"概不退换"的规定其实不符合《消费者权益保护法》的精神的,但 NFT 产品是否适用"七天无理由退换"也是一个深刻的问题?

例如,腾讯"幻核"的在关闭平台的时候有一个规定,说购买者可以无条件退换,可以认定"幻核"严格履行了无限期退货规则的义务。在此我们可以看出，平台的退货规则体现平台的法治精神。第三，交易平台的信息披露义务，主要包括：披露是否获得权利人的授权、期限、价格等各种信息，这需要行业协会制定一个信息披露一般标准。

关于披露的程度，我们建议应当按照一般社会交易习惯进行披露，例如：是否获得授权、数字藏品的发行量、发行价格、发行方的信息、是否可二次交易/转让、消费者购买后获得权利（著作权许可）等。

关于数字藏品交易平台退出时的信息披露。如果数字藏品交易平台关闭，消费者是否还拥有数字藏品呢？建议交易平台对这种情形进行充分的考虑，对其关闭后如何保障消费者能够访问？如何欣赏其数字藏品做出相应的安排？比如将消费者在该平台的钱包与其他交易平台上的钱包进行共享互通，或者以一定的价格回收已售出的数字藏品等。

2022年是中央企业全面深化合规的一年，各行各业掀起了合规热潮，体现了法治社会的新风尚、新风貌，元宇宙产业也不能例外，数字藏品企业的合规主要包含三个维度：

第一，平台及其利益关联者角度，首先，要遵循合法性原则，这是底线，否则会涉及刑事犯罪的问题；其次，在合法基础上遵循合规性原则，将产业的组织形态良好运行，做到各行其道，真正实现法治性；最后，需要在合规前提下具备合理性，经营主体在行业自律的基础上实现高度自治，高标准提高企业标准，在此我们向华为企业学习，将合规程度做到高于行业标准甚至是国家标准，提升数字藏品企业的社会公信力。

第二，在投资者角度，购买此商品的人，首先要有耐心，坚决摒弃一种"一夜暴富"的思维；其次是有理性，不应当感性地对待数字藏品，投资者与平台心态的不理性可能会导致行业的不稳定。因此，投资者要理性的支持这个新产业。

第三，在监管者角度，从行业监管历史来看，监管者对行业发展影响巨大，需要以一种审慎、包容和开放心态对待新产业新业态，每一个新事物都会有问题，尽量避免发生"有问题就一棒子打死"的悲剧发生。最后希望通过社会各行各业的努力将元宇宙及其数字藏品产业做到文化多元与合规相统一。

Web3.0与数字经济战略：概念、现状挑战与对策
——盈科元宇宙研究会业务研讨会议实录（一）[①]

2022年12月27日下午，盈科北京刑民行交叉法律事务部元宇宙研究会"Web3.0与数字经济法律"业务研讨会在正大中心举行。本次研讨会通过线上与线下相结合的方式进行，线下+线下共计500余名行业代表参加会议，会议旨在探讨元宇宙发展现状、未来发展趋势、Web3.0的底层思想、NFT和元宇宙的计算机技术法律服务等问题，积极研究元宇宙深入复杂的法律问题，助力我国新时代经济产业转型升级、为数字经济发展积极作为。

以下是分享人杜雨的讲话，他分享的主题为"Web3.0与数字经济战略：概念、现状挑战与对策"。

分享主要分五个部分：第一部分是Web3.0是什么；第二部分

[①] 来自"盈科元宇宙研究会"公众号2022年12月29日发布。

是 Web3.0 与元宇宙的关系；第三部分是 Web3.0 的发展现状；第四部分是 Web3.0 的底层思想；第五部分是挑战与对策。

从发展阶段上看，Web1.0：静态互联网、信息经济、可读、平台创造、平台所有、平台控制、平台分配；

Web2.0：平台互联网、平台经济、可读 + 可写、用户创造、平台所有、平台控制、平台分配；

Web3.0：价值互联网、通证经济、可读 + 可写 + 可拥有、用户创造、用户所有、用户控制、用户参与分配。

目前经历了移动互联网与元宇宙时代的变迁。

Web3.0 的发展现状目前还是初期状态。Web3.0 的文化活动发展现状：国内不支持二级市场，数字藏品单价低廉且稳定，跨平台差异大。因国内监管要求，数字藏品发售需强化非同质化属性，且规避炒作风险，数字藏品跨平台差异大，且为平价的大众产品，发行量已赶上国外 NFT 的 10%，发展迅猛；

国外 NFT 支持二级市场：相较于数字藏品价格高、波动大规模为中国的千倍以上。因缺乏监管，国外 NFT 投资属性更重，单价是国内百倍 +，风险极大。

Web3.0 的本土化：①数字人民币发展潜力极大。数字人民币目前试点期交易额增长速度已经与以太币早期交易额增长速度相当，但使用规模是当初以太币的 30 倍 +。②数字藏品。2021 年开始，我国数字藏品平台赛道开始兴起，而 2022 年以来进入爆发期。国内数字藏品平台达 998 家，2021 年单年新增 74 家数字藏品平台，2022 年上半年新增 825 家数字藏品平台，这一数字相较 2021 年全年增长超过 10 倍短期来看增速有所放缓。从单月新增数字藏品数量看，4

月达到顶峰，单月新增232家。6月新增平台的数量为146家，数量上相较4月有所减少，但仍然处在历史高位。

最后，讲一下我们将面临的挑战：目前拥抱Web3.0的创业者和从业者都比较年轻，大家不只是对于区块链和Web3.0相关的法律意识比较浅薄，由于缺少阅历和社会经验，在对公司经营和业务发展的合法、合规方面的认知相较于创业老兵仍有差距。

建议：一是要提高从业者的法律意识，否则就会很容易出现一些问题。一旦一个新的行业的负面新闻多了之后各方都会戴着有色眼镜看待这个行业，不利于行业长远发展，因此从业者需增强法律意识。同时，也希望相关监管方和协会尽快出台一些比较明确的指导意见，让年轻人的热情不被泼冷水，同时也获得监管方的正向指导和鼓励。二是期待大型互联网公司和科技公司能够更多地发挥优势，起到一定的带头作用。成熟的大型互联网公司在合法合规方面都有资深的律师团队，它们对于市场的理解更深，更适合从合规角度为行业发展探路。从整个金融科技的创新维度来讲，经历了P2P时代和区块链1.0与2.0的时代，与联网大厂和监管方都经历了很多。在现有业务中，做些真正能够带来实际价值的创新都是值得鼓励的。如消费领域的蒙牛、江小白、奈雪的茶等都在发数字藏品，在现有合法合规的情况下，促进业务创新发展，有助于品牌年轻化，有利于在年轻消费群体中建立认知度。

对策：新事物在发展初期固然有很多瑕疵，一方面我们要加强学习进而提高辨别能力，另一方面也要积极乐观地参与新事物的建构中。

第一，在各界对于新概念尚未形成共识期，我们在保持好奇心的同时要警惕打着元宇宙、"Web3.0"旗号的骗局，保持清晰的思路、审慎和理性。第二，元宇宙和"Web3.0"概念的视角宏大，因此具有生态属性，那么对于期望参与其中提出了更高的理论要求，需要跨学科思维。第三，科技新概念的背后是人类对未来生活的美好向往，期待我们在科技向善的理念下共同探索更美好世界的到来。

专家评议环节：

专家介绍：

龚才春，武汉元宇宙研究院院长、北京信息产业协会元宇宙专委会主任、中科院博士。曾任北京市计算中心前瞻研究部经理，阿里巴巴搜索研发专家。长期从事自然语言处理、大数据挖掘研究。龚才春博士作为主编，带领 70 位多位编委编写《中国元宇宙白皮书（2022）》，得到陈晓红院士、庄松林院士、吴志强院士、马建章院士、李佐军研究员、冯志伟研究员、易绵竹教授、李球主任等专家的亲自指导，对元宇宙的缘起、现状、技术体系、产业发展、经济运行、伦理道德、法律监管、潜在风险、人才战略等方面都做了完整而又详细的论述，是目前国内最权威、最完整的元宇宙作品。2022 年 8 月，出版《元宇宙——大变革前夜》，广受社会好评。

龚才春：关于数字经济，我的个人理解元宇宙的发展给数字经济增加了许多内涵与外延，元宇宙的出现，给我们带来了沉浸式体验以及价值流转的提升。前期我们对于数字经济的计算单位有多种定义方式，但元宇宙的出现，恰恰统一了计量单位，使计算结果相差甚微。我们沉浸式体验元宇宙的同时，它也在不断创造着价值和意义，未来元宇宙将和现实世界一样，呈现更加多维的效果，带来新的体验和惊喜，满足人们对美好生活的需要，元宇宙向好的趋势和不可逆转的趋势推进。期待我们在科技向善的理念下共同探索更美好的世界。

王风和：刚听了杜雨的报告之后，感触深刻，杜雨介绍了Web1.0、Web2.0和Web3.0三个阶段互联网发展的业态表现和主要功能特征。我也拿到了杜雨所著的这本书《Web3.0赋能数字经济新时代》，写得比较通俗易懂，是一本好书。

我主要回应一下元宇宙底层思想的问题：杜雨用道家思想作了总结，我认为这是在冰冷的数字经济中融入中国传统文化的一股暖流，数字经济是我国2035的产业发展战略，我认为Web3.0的底层思想就是以人为本，Web3.0在发展的高级形态，回归以人为本、信息可溯源、以哈希值固定不可篡改，在区块链分布化技术下实现一物一权，这是一种民法精神的价值回归。

Web3.0的治理思想来源于道家思想，从历史文化来看，中国影响最深远的思想便是孔子思想与道家思想，道家思想崇尚"道法自然、无为而治"，道家主张与万物、与自然、与个人所连接的自然规则，既是法律规则的本源，又是约定俗成的规则，道家思想崇尚的是法的善良精神和自然法规则，这也是道家的生命力之源泉。

我们中国的社会治理当然还有许多路要走，这次疫情也是为我们整个社会管理上了一课，我们应当以一种温和的方式以人为本的规则去治理社会，虽然道家思想倡导"无为而治"，但这是治理的最高境界，数字经济领域也要这样让它自然而然成长，也不需要去过度干扰它的自然发展。

我认为，我们目前面临的Web3.0数字经济挑战，离不开三个方面：第一是建立动力系统，数字经济要驱动生产力的发展，数字经济的动力系统包括良好适配的数字经济产品，这是核心动力，不能缺少；第二是刹车变速系统，数字经济的高速发展不能一路狂飙，需要有良好的刹车变速系统支持，在现实中就是要有高效的风险管理系统，必须要有法律规则的约束；第三是底盘操控系统，即中枢指挥系统，整合经济系统各个单元的组织系统，需要有协调的指挥和操控系统，这是组织协调的大脑也是指挥中枢，引领数字经济的可持续又好又快发展，必须要有强大的智慧大脑。

潘赫先：NFT、元宇宙计算机技术与法律服务
——盈科元宇宙研究会业务研讨会实录（二）[①]

分享人介绍：潘赫先，北京市盈科律师事务所律师，盈科元宇宙研究会副主任，专注于数字经济、区块链、虚拟货币、硬科技/互联网、公司治理等民刑结合法律服务领域。北京大学，硕士研究生；原人人网，总经理，拥有丰富的科技/互联网行业经验；原AI法律科技公司"法里科技"，创始人/CEO；"U30"（30岁改变世界的青年力量）获奖者；软件工程师，NCRE计算机四级认证（最高级）。

大家好！我的主题为NFT和元宇宙的计算机技术及法律服务简析。

首先看下昨天发布的2022年度十大科技热词：元宇宙排第一，百度沸点联合凤凰网科技发布了"2022年度科技热词"，前十名分

[①] 来自"盈科元宇宙研究会"公众号2022年12月29日发布。

别是：元宇宙、Web3.0、数字藏品、量子纠缠、数字人、AIGC、数字经济、光刻机、计算生物学、碳中和。元宇宙有多火？Roblox：元宇宙第一股，市值最高达 850 亿美元；

Meta：7 月高调宣布，5 年内转型成一家元宇宙公司 All in 元宇宙！

字节跳动：力压腾讯，高价收购 Pico VR 眼镜黄仁勋（英伟达）；未来元宇宙将全民免费；以后线上会议都在元宇宙上开。

扎克伯格：元宇宙是一个融合了虚拟现实技术，用专属的硬件设备打造的，一个具有超强沉浸感的社交平台。

马化腾：元宇宙是一个独立于现实世界的虚拟数字世界，用户可以在这个新世界开启全新的自由生活，全真互联网；Roblox：元宇宙是一个用户能尽情地创作内容，并在虚拟社区中交流和成长的在线游戏。

潘赫先个人定义的元宇宙核心特征：

（1）元宇宙不是脱离于现实世界的虚拟平行宇宙，是与现实物理世界融合的永生世界。①永生（可以进化，但不能消失。类似于现在的 Web2.0 互联网）；②与现实连接（经济挂钩，个人影响力挂钩）。

（2）元宇宙是去中心化的（开源共享协议，类似于 HTTP 协议，TCP/IP 协议）：①管理去中心化；②资产去中心化（隐私计算、零知识证明）。

现在的元宇宙有点像 2008—2009 年的移动互联网，3G 时代。

我个人观点为：元宇宙应该是一套"全真物联网"操作系统，而不是应用！

未来元宇宙一定是现实与虚拟世界相交互的。

如何理解 NFT？什么是数字藏品？

国内市场已经在测试真正的 NFT，目前对于区块链技术也在不断应用，区块链技术是利用哈希算法所支持的，具有匿名、防篡改、不可逆的分布式账本。NFT 基础技术是以太坊智能合约。ERC721、ERC1155、ERC998ERC809（租赁）、EIP1948（存储动态数据）、ERC20：FT。

传统物理世界的物品如何上链？如何 NFT 化？我个人观点认为：

NFT 能解决好原生于数字世界的资产问题这已经足够有价值了！

到目前为止元宇宙政策性文件汇总：

北京：2022 年 8 月 24 日《北京城市副中心元宇宙创新发展行动计划（2022—2024 年）》；上海：2022 年 6 月 24 日《上海市培育"元宇宙"新赛道行动方案（2022—2025 年）》；武汉：2022 年 11 月 3 日《武汉市促进元宇宙产业创新发展实施方案（2022—2025 年）》；广州：2022 年 7 月《广州南沙新区（自贸区南沙片区）推动元宇宙生态发展的九条措施》；杭州：2022 年 5 月 21 日《杭州钱塘区元宇宙产业政策》；郑州：2022 年 9 月 21 日《河南省元宇宙产业发展行动计划（2022—2025 年）》；南京：2022 年 5 月 26 日《江宁高新区关于加快发展元宇宙产业的若干政策》；成都：2022 年 11 月 22 日《成都市培育元宇宙产业行动方案（2022—2025 年）》；青岛：2022 年 10 月《青岛市市南区关于促进元宇宙产业高质量发展的若干政策措施》；长沙：2022 年 8 月《关于促进长沙元宇宙产业发展的十条建议》。

元宇宙传统法律问题：

刑事：诈骗、非法集资、组织领导传销、洗钱、非法经营、网络赌博、掩饰隐瞒犯罪所得、非法利用信息网络、帮信罪等；

民事：返还原物、财产损害、买卖合同、委托理财合同、不当得利等。

元宇宙新型法律问题：

组织形式问题：DAO；新型创业公司的法律合规边界问题？比如：混币器；创业地点问题：迈阿密、迪拜、新加坡、泰国、韩国、中国香港？数据隐私问题，数据归谁拥有；"去中心化"的立法问题：规则怎么制定？人权问题、主权问题。

元宇宙法律客户特点：

喜欢聊计算机技术；喜欢聊互联网产品设计；喜欢创新，易踩红线；喜欢换律师；崇尚人权和自由。

关于如何应对？这个时代会产出很多新的产品，新的领域，我们律师必须时刻学习新知识、善于与同行合作。

专家评议环节：

专家介绍：

韩英伟，北京市盈科律师事务所高级合伙人、新联会副会长、《盈科律师一日一法》主编、刑民行交叉法律事务部主任，诗人、中国散文学会会员。现担任毛小青及其北京红色伟业文化传播有限公司法律顾问，《法治日报》特约专家。执业33年，办理多起有影响的刑事、民事、行政案件，两次荣立个人三等功，连续多年被评为"优秀刑事律师"。曾在《新华网》《人民网》《央视网》《凤凰网》《法治日报》等网站、报刊发表法治文学、散文、诗词共五百余篇，代表作《开国元勋英模颂》《抗日殉国民族魂》《清明时节泪纷纷》《一个孩子在法庭上的哭诉》。主编《律师说法案例集（1）》《律师说法案例集（2）》《律师说法案例集（3）》《律师说法案例集（4）》等。

邓超，北京市盈科律师事务所律师，盈科元宇宙研究会副主任。具有理学学士和法学博士学位，有着深厚的法学理论基础；在知识产权行业从业13年，有着丰富的实践经验。长期专注于科技和媒体领域的知识产权前沿问题的研究和实践，代表客户处理相关的诉讼和非诉法律事务。在进入律师事务所之前，邓超律师曾就职于世界500强公司的法务部以及国内顶尖的知识产权事务所，为众多跨国公司、国内上市公司等提供知识产权法律服务。

韩英伟：潘律师对于NFT和元宇宙的认知非常深刻，元宇宙研究会中有一批懂计算机技术的程序员律师是盈科元宇宙研究会的特色。希望研究会之后在风和主任的带领下，可以更好地开展元宇宙相关技术、商业和法律服务的融合工作，元宇宙研究会可以研究出更多有意义的课题，打响盈科元宇宙的一流法律服务品牌，为盈科争取更大荣誉。

邓超：元宇宙新兴行业中还有很多前沿问题值得我们深入研究，许多新概念也需要深入探讨，从知识产权角度来讲，国内外对于元宇宙的知识产权问题都有大同小异的规定，基本理论都是相同的，如"外观设计"问题，中国国内的要求是外观设计不能脱离产品，而元宇宙的出现使这一规定发生了变化，部分"外观设计"可以脱离产品，这是与时俱进的新观点，法律方面还需要继续完善该层面。

知识产权问题在虚拟世界和现实世界是不尽相同的，专利在虚拟世界很难适用，因为在虚拟世界没有任何自然规律可言，这些都是我们在新兴事物发展过程中需要进一步研究和完善的。

王风和律师做会议总结：

感谢潘赫先律师的精彩发言，感谢各位老师的点评。

今天的研讨会精彩纷呈，全场体现了元宇宙思想的激荡和计算机、和商业法律的知识文明，就我从元宇宙研究的从业者、兴趣者角度来讲，我是收获满满的。这是我们元宇宙研究会的第一次沙龙，希望各界人士多多关注我们研究会的发展，大家无论文章发表或是有想法或建议，都可以联系元宇宙研究会秘书处，研究会有一个公众号叫"盈科元宇宙研究会"，您的来信和来稿会及时发布到"盈科元宇宙研究会"公众号之中，我们研究会的研究非常开放，欢迎社会各界来人来稿。

元宇宙研究任务任重而道远，元宇宙行业发展需要我们这种锲而不舍、有工匠精神的专业律师和研究员不断地研究，希望我们的优秀的元宇宙研究团队不断带来新研究成果。

过去的2022年，也是元宇宙第二纪年。在过去的两年里，元宇宙法律团队夙兴夜寐，撰写了《中国元宇宙白皮书》《中国数藏产品监管白皮书》《2022元宇宙蓝皮书》《元宇宙基础设施治理暨Web3.0战略参考》等系列丛书，在疫情严峻的2022年，受邀官方组织、社会各界邀请报告和演讲二十余场……

盈科元宇宙团队设立在北京盈科总部的刑民行交叉法律事务部，目前有100多位专业律师，这些律师研究方向有：刑事、民事、和行政、计算机程序员、知识产权、争议解决、金融业务、仲裁诉讼等各专业优秀的律师人才储备，基本覆盖目前研究元宇宙产业分布组织业态。

在 2022 年岁末，感谢盈科元宇宙课题组 2022 年的辛苦工作，盈科元宇宙研究会的各位小伙伴们请继续努力加油，2023 年是中国元宇宙应用场景落地之年，值得期待！

……

关于元宇宙法律和元宇宙发展趋势，我认为：元宇宙法律问题非常复杂，无论是知识产权领域或是民事或刑事领域，都需要进行现实的研究。建议元宇宙的从业者，要警示法律问题。我国目前涉及法律犯罪的类型主要有：诈骗、集资诈骗、网络赌博、掩饰隐瞒犯罪所得、反洗钱、帮信罪（帮助信息网络犯罪活动罪）。为了防止经营风险，元宇宙创业的伙伴最好邀请法律先生或聘请专业的法律工作者开展工作。

最后，对产业从业者的两点建议：一是区块链底层技术对元宇宙的融合，元宇宙会对自然科学、社会科学进行实质性融合，技术人员和管理类从业者有一个混合队伍的建设过程，在管理上要从长计议，并要具有包容性。二是风险会叠加，经营者的风险管理要持续增强，加大元宇宙风险管理系统的建设；元宇宙从业者与监管者要保持信息畅通，要通过科技行业协会自律、元宇宙企业自治、保持双方的良性互动，真正实现公序良俗的发展局面。

2022 年元宇宙在政府支持下蓬勃发展，数字经济已经成为 2035 年国家发展战略，继互联网之后，元宇宙将引发新一轮人类生存感知的重大变化，盈科北京元宇宙研究会会继续孜孜以求、夙兴夜寐，努力为行业的发展、为实现我国新时代经济产业转型升级贡献绵薄之力。

引申阅读——法律法规政策（筛选）

一、《数据安全法》；

二、《民法典》；

三、《个人信息保护法》；

四、《关于防范代币发行融资风险的公告》；

五、《"十四五"数字经济发展规划的通知》；

六、《关于推进实施国家文化数字化战略的意见》；

七、《关于进一步防范和处置虚拟货币交易炒作风险的通知》；

八、《关于整治虚拟货币"挖矿"活动的通知》；

九、《关于防范比特币风险的通知》；

十、《国务院关于清理整顿各类交易场所切实防范金融风险的决定》；

十一、《关于防范NFT相关金融风险的倡议》；

十二、《关于防范以"虚拟货币""区块链"名义进行非法集资的风险提示》；

十三、《关于为新时代加快完善社会主义市场经济体制提供司法服务和保障的意见》；

十四、《关于加快推动区块链技术应用和产业发展的指导意见》；

十五、《区块链信息服务管理规定》；

十六、《关于互联网法院审理案件若干问题的规定》;

十七、《上海市数字经济发展"十四五"规划》;

十八、《北京市数字经济促进条例》;

十九、《北京城市副中心推进数字经济标杆城市建设行动方案（2022—2024年）》;

二十、《中国数字资产交易平台即将启动》;

二十一、《数字中国建设整体布局规划》。

后 记

法律行业内认为，这是第一部元宇宙暨 Web3.0 数字经济的法律书籍。

我要记下这个时辰，公元 2023 年 3 月 19 日星期日，全书文稿终于完成了，我感慨每一部付出心血的作品，最后都有一种五味杂陈的味道！这是一种幸福的味道！

2021 年被称为元宇宙元年，人们不断讨论着元宇宙话题，也自然地将元宇宙与互联网联系起来，畅想人们未来在元宇宙世界中的交往与生活。本书记录了元宇宙、区块链、智能合约、NFT、NFR、Web3.0 与数字经济等内容，从元宇宙、NFT、NFR、DAO 等相关概念出发，依次分解讲述，从区块链的应用到 NFT 的业态种类与发展前景，从元宇宙的八项基本制度到元宇宙的合规监管再到文化元宇宙，从 Web3.0 的发展到数字经济战略参考……希望这些内容能为元宇宙从业者、监管者及利益相关者提供充分的治理思路与经营方向参考。

新技术的产生定会伴随着新监管的实施，"非中心化监管"是元宇宙与区块链技术最为核心的特征，这也意味着需要构建一套与之前完全不同的监管方式。因此，"以链治链"的元宇宙监管思路应运而生。

后 记

  笔者第一次大胆设想并提出，元宇宙未来监管思路的方向和目标是构建"以链治链、非中心化多元共治"的法律监管路径。为此，笔者向社会呼吁监管的审慎并建立包容性成长系统，同时避免监管盲区，不漏死角，链上实现"有交易有监管""有行为有救济"、实现"以链治链、多元共治"的系统监管思路，让创业者、监管者和利益相关者在同一套基础设施链上"共识、共生、共享、共治"。链上的主体都是建设者，而不是"猫和老鼠"的关系。希望有一天，链上各节点多元主体相伴共生、共同进步、共同成长。

  在笔者看来，未来元宇宙的发展秩序构建，不仅是技术创新的过程，还是一个组织、规则不断建立和完善的过程，任何新技术的兴起与发展，都是围绕在产品创新、组织创新和规则突破与流程再造的过程中的。元宇宙在法律规则范围内，形成规则体系内的非中心化流程。不可否认的是，在元宇宙发展的过程中，总会处于未知大于已知的状态，元宇宙会持续放大新技术、新产品、新应用，同时相伴的是更为复杂的法律问题。对于法律人来讲，每一次技术上的突破都"非常烧脑"，因为法律人要将不合法的行为、不合理的规则变"丝滑"，并追求逻辑上的自圆其说。既要支持技术创新，还要突破法律的边界，免受法律的追责，实现法律责任的豁免。即便如此，一些人依然倒在法律的监管之下，牺牲自我，让更多的后来者踏着先行者的身体前行，创新就是这么悲壮，嗟乎！

  目前，在还未对元宇宙形成统一法律规则的前提下，希望能够贯彻审慎包容性发展的理念，既不能放任自流、天马行空，也要在已有的规则或者原则上扩大适用元宇宙领域。"法无禁止即可为"就是最好的法治营商环境，这样才能保证新技术产品不断涌现，让创新的火种生生不息。

在 ChatGPT 火热出圈背景之下，本书第 10 章讲述了 Web3.0 与数字经济战略，这是本书的结尾，同时也是元宇宙与数字经济的开篇。Web1.0 开启了人工智能的时代，Web3.0 加速了 Chat AI-4.0 的技术演进。我们感谢自己生长在人工智能创作时代，有机会见证人工智能发展的奇迹。

本书从起草框架至正式结稿历时近 12 个月，经过后期不断地钻研框架、打磨文字、校对内容之后，至 2022 年 11 月 8 日，正文内容正式定稿。前后经历 6 次修订，在出版发行阶段经历了新冠肺炎疫情奥密克戎席卷北京城，出版团队抱病工作到凌晨 3 点，过程艰难复杂、让人永生难忘……此书是由多位作者一并创建的心血之作，他们之中，有律师、有教授、有学者、有创业者、有老师、有实习生。本书内容吸纳了与元宇宙相关文献的内涵与外延，贯穿了科技、法律与文化等领域，力求创作出一本跨界商业、科技、法律、文化等系统的元宇宙法治书籍，为元宇宙和数字经济发展尽一份微薄之力。

在此，我代表本书的编委会感谢为此书出版作出无私奉献的人，他们是：

吴志强院士、蔡维德教授、邵炳芳社长、王承杰主任、王雪林理事长、梅向荣主任、龚才春院长、马志毅会长、臧志彭教授、何伟董事长、高泽龙秘书长等，感谢为元宇宙事业一直拼搏的人，感谢每一位支持并关注元宇宙发展的人。

最后，感谢我的老师、我的家人、我的朋友，时有耳提面命的提醒，让我铭记心中。每次回想起来瞬间升腾起一阵阵温暖，感谢您的关心和帮助。

后　记

　　寒来暑往，冬去春来，这是一个经历过冰雪、孕育了希望的春天。正如其时，元宇宙的发展赶上"数字中国"的时代浪潮，元宇宙与"数字中国"偶遇了，今后会并肩相伴，不畏风雪、迎风前行，邂逅一个属于元宇宙的灿烂春天。

　　岁月不居，时光如流，以梦为马，不负韶华，属于中国式元宇宙的"以链治链、非中心化多元共治"的时代迎风起航，千锤万炼弥坚劲、任尔东西南北风，祝福时代骄子，不忘初心、勇毅前行！

王风和致谢

2023 年 3 月 19 日于北京